Klaus Kreiser

GESCHICHTE DER TÜRKEI

Von Atatürk bis zur Gegenwart

Verlag C.H.Beck

Mit 2 Karten

Originalausgabe

Satz: Fotosatz Amann, Aichstetten
Druck und Bindung: Druckerei C.H.Beck, Nördlingen
Umschlaggestaltung: Verlag C.H.Beck
Reihengestaltung: Uwe Göbel, München
Printed in Germany
ISBN 978 3 406 64065 0

www.beck.de

Inhalt

Vorbemerkung: Türkische Familiennamen werden im Interesse eines besseren Verständnisses auch bei der Darstellung von Ereignissen vor ihrer Einführung (1934/35) verwendet. Mustafa Kemal wird dementsprechend schon vor 1935 als Atatürk bezeichnet.

Vorwort

Die Gründung der Republik Türkei im Jahr 1923 war gewiss das wichtigste Datum zur historischen Abgrenzung gegenüber dem über 600 Jahre alten Osmanischen Staat. Aber auch die jungtürkische Revolution von 1908, mit der viele Reformen eingeleitet wurden, der Beginn des anatolischen Widerstands gegen die griechische Besatzung (1919) und das 1925 erlassene «Gesetz zur Wiederherstellung der Ordnung» bildeten einschneidende Wendepunkte. Von der türkischen und ausländischen Historiographie wurde diese Vor- und Frühgeschichte der Republik lange unter der Überschrift Widerstand, Rebellion und Revolution vermittelt. Die von Mustafa Kemal Atatürk (1881–1938) und seinen Mitstreitern angestoßenen Umwälzungen kann man, je nach Einstellung, als zivilisierende und demokratische Revolutionen bewerten, als wohlwollende Erziehungsdiktatur oder als jakobinische Exzesse – die wichtigste Zäsur stellten sie unbestritten dar. Jedenfalls waren es weder bürgerliche noch bäuerliche, schon gar nicht proletarische Revolutionen, die aus der Konkursmasse des Osmanischen Reiches wieder den wichtigsten Staat zwischen Südosteuropa und dem Nahen Orient gemacht haben, sondern die Projekte einer Elite aus Militärs und Bürokraten. Die Türkei hat sich nach 1922 an keinem bewaffneten Konflikt mehr beteiligt, wenn man von der Korea-Mission unter der Ägide der Vereinten Nationen (1950–1953) und der Besetzung von Teilen Zyperns (1974) absieht. Die von Atatürk und seinem Nachfolger İsmet İnönü (1884–1973) verfolgte Balancepolitik, die eher auf Sicherheitspakte als auf Aufrüstung setzte, bestand ihre Belastungsprobe im Zweiten Weltkrieg. Ab den 1950er Jahren trieb das Land konsequent die Integration in westliche und globale Bündnissysteme voran. Die kemalistische Einparteien-Herrschaft wurde fast reibungslos in eine parlamentarische Demokratie übergeführt.

Das türkische Parteiensystem ist durch zwei große, nicht allzu starre Blöcke charakterisiert, deren Wurzeln in die spätosmanische Zeit zurückverfolgt werden können und deren Gegensätze nur in der Phase der Einheitspartei (1926–1946) kaschiert wurden. Auf der einen Seite stehen die laizistische «Volkspartei» und ihre Nachfolger, mit der sich Städter im Westen des Landes, Militär, Bürokratie, Hochschulangehörige und ein Teil der Arbeiterschaft identifizieren und die letztlich in der jungtürkischen «Gesellschaft für Einheit und Fortschritt» ihren Vorgänger hat. Auf der anderen Seite befinden sich die konservativen Kräfte, die von der anti-zentralistischen, in religiösen Fragen versöhnlichen sogenannten «Zweiten Gruppe» bzw. den kurzfristig geduldeten Oppositionsparteien im Kemalismus ausgingen. Sie repräsentieren die Achse «Demokratische Partei», «Gerechtigkeitspartei», «Partei des Rechten Wegs» und «Partei für Gerechtigkeit und Entwicklung». Die Führer beider Richtungen waren freilich zwischen 1960 und 2002 gezwungen, Koalitionen mit kleineren Parteien einzugehen. Als Schnittmenge aller relevanten Gruppen (mit Ausnahme der Kurden) bildet indes der türkische Nationalismus die wichtigste Voraussetzung für das Fortleben des Systems nach über 60 Regierungswechseln seit 1920.

Die neue Türkei verschrieb sich von Anfang an keiner starren Wirtschaftsdoktrin. Zu ihrem Erfolgsrezept gehörte, dass sie sich – nicht ohne ausländische Beratung und Unterstützung – letztlich selbst entwickeln musste. Da keine nennenswerten Erdölressourcen vorhanden sind, blieb ihr das Schicksal erspart, zum Renten-Staat zu verkommen. Ihre Wirtschaft, deren Industrialisierung auf schmalster Basis erfolgte, ist längst nicht mehr einseitig von Erträgen aus Ackerbau und Viehzucht abhängig. Der Tourismus ist eine wichtige, aber keine tragende Säule. Transferleistungen der türkischen Diaspora haben nicht mehr die Bedeutung wie in früheren Jahrzehnten.

Neben den zivilen Regierungen bewahrten die Streitkräfte auch nach einem letzten autoritären Zwischenspiel (1980–1983) ihre Sonderrolle bis in die unmittelbare Gegenwart. Militärische Interventionen und Ausnahmezustände prägten fast ein Drittel der republikanischen Periode. Seit 2002 gibt es eine Regierung, die auf islamische Werte setzt. Damit endet eine Epoche, in welcher der Staat gegenüber seinen muslimischen Bürgern die Rolle des Religionslosen einnahm. Freilich fährt er fort, gegenüber den Nichtmuslimen und den heterodoxen Aleviten, deren Anteil an der Bevölkerung 10, höchsten 20% betragen mag, sein sunnitisches Gesicht zu zeigen. Angesichts einer anhaltend günstigen wirtschaftlichen Entwicklung wächst in Ankara die Überzeugung, dass die Türkei beim Jubiläum zum hundertjährigen Bestehen der Republik im Jahr 2023 global eine aktive Rolle einnehmen wird.

In diesem Buch bemühe ich mich, den Weg der Türkei und ihrer Menschen zwischen 1920 und der Gegenwart darzustellen. Ohne zentrale Gegenstände wie die Integration in westliche Bündnissysteme, die Rolle des Islams oder die Kurdenfrage zu vernachlässigen, wende ich mich auch Themen zu, die in vielen Überblickswerken zu kurz kommen, wie zum Beispiel der Entwicklung im ländlichen Raum, dem West-Ost-Gefälle und dem Bildungswesen. «Voraussagen» über die Zukunft gehören ebenso wenig in eine historische Darstellung wie Lob und Tadel.

Hilfreiche Anmerkungen verdanke ich Wolf-Dietrich Hutter, Heike Jung, Christoph K. Neumann und Maurus Reinkowski.

Berlin, im Frühjahr 2012 *Klaus Kreiser*

I. Das Osmanische Reich in einer Nussschale?

Die amtliche Eigenbezeichnung Türkei bzw. *Türkiye* ist neu, obwohl der Name *Turchia* und davon abgeleitete Formen seit den Kreuzzügen außerhalb des Landes allgemein gebräuchlich waren. Die vorrepublikanische Türkei führte in staatlichen Dokumenten, auf Geldscheinen, Münzen und Briefmarken die Benennung «Erhabener Osmanischer Staat» *(Devlet-i Aliye-i Osmaniye)*. Nach der kurzlebigen Variante *Türkiya* entschied man sich mit der Schriftreform von 1928 für *Türkiye*, eine Form, die zwischen einer arabisierenden Wortbildung und dem französischen *Turquie* vermittelt, das seit jeher als gleichbedeutend mit «Osmanisches Reich» verwendet wurde. Die Türkei war das erste islamische Land, das die Staatsform einer Republik (aus arab. *Cumhuriyet,* bis 1938 in der Form *Cümhuriyet*) annahm; ihr voller offizieller Name ist deshalb *Türkiye Cumhuriyeti*, abgekürzt *T. C.* Alle Bewohner dieser Republik waren im Sinne der Verfassung von 1924 «Türken», wobei ihre «Gleichheit vor dem Gesetz» bis heute eng ausgelegt wird. So verweigert das Verfassungsgericht beispielsweise Angehörigen von Minderheiten die Führung von Vor- und Nachnamen in ihren angestammten Sprachen (wie Kurdisch oder Aramäisch).

Die am 29. Oktober 1923 in Ankara ausgerufene Republik Türkei stellt sich dem Betrachter der Landkarte als ein Staat dar, der in größtenteils natürlichen Grenzen zwischen dem Schwarzen Meer, der Ägäis und dem Mittelmeer eingeschlossen ist. Manche Historiker erkennen in der Republik ein Osmanisches Reich *en miniature*, eine Art Kondensat nicht nur seiner Menschen, sondern auch von deren Sitten und Gebräuchen; andere sehen in ihr den nationalen Torso des ehemaligen Vielvölkerstaates. Entsprechend uneinheitlich sind die Antworten auf die Frage, ob auf dem Boden Anatoliens ein Schmelztiegel der religiösen und sprachlichen Gruppen entstanden ist oder ob wir vielmehr ein Mosaik aus den (nur sprichwörtlichen) «72 ½ Volksgruppen» vor uns haben.

Mit einer Fläche von 783 562 km² übertrifft die heutige Türkei sowohl das Staatsgebiet Frankreichs (674 843 km²) als auch Spaniens (504 645 km²). Angesichts der Größe der asiatischen Türkei erscheint der nach den Balkankriegen (1912/13) verbliebene europäische Anteil (3,04 %), wenn man allein die geographische Ausdehnung im Auge hat, als eher unbedeutend. Die Türkei hat seit 1923 mit Ausnahme des 1939 beigetretenen, in Europa als «Sandschak von Alexandrette» (İskenderun) bezeichneten Gebiets keine territorialen Veränderungen erlebt. Die Bevölkerung dagegen wandelte sich in den Jahrzehnten nach der Gründung sowohl in quantitativer als auch in qualitativer Hinsicht radikal. Die junge Republik zählte etwa 14 Millionen Einwohner und hatte mit ca. 18 Menschen pro Quadratkilometer eine geringere Bevölkerungsdichte als alle europäischen Staaten. Nach einem halben Jahrhundert (1970) hatte die Türkei mit 34,8 Millionen Einwohnern Spanien, nach weiteren 25 Jahren (1995) mit 61,9 Millionen auch Italien überholt. Im Jahr 2010 ermittelte die amtliche Zählung 73 722 938 Bürger.

Trotz seiner komplexen ethnisch-linguistischen Gemengelage erwies sich Anatolien letztlich als ein Kulturraum, der etwa 4 Millionen Einwanderer aus dem Kaukasus, von der Krim, aus Kreta und den Balkanländern nach mehreren Generationen zu Türken machte. Im historischen Gedächtnis der Bevölkerung bleibt aber als Ergebnis von Vertreibungen und Bevölkerungsaustausch mit Griechenland die Dreiteilung in «Flüchtlinge», «Ausgetauschte» und «Einheimische» haften. Flüchtlinge und «Ausgetauschte» bilden mit ihren Nachkommen etwa ein Drittel oder Viertel der heutigen Bevölkerung.

Nach den Kriegen, die der Osmanische Staat zwischen 1911 und 1918 und danach das Regime der Großen Nationalversammlung von Ankara zwischen 1919 und 1922 fast ununterbrochen führten, war die Bevölkerung Anatoliens von geschätzten 13,7 Millionen auf 11,2 Millionen gesunken. Der Verlust von 2,5 Millionen Menschen in Anatolien verteilte sich folgendermaßen: Etwa zwei Drittel wurden Opfer von Kriegen, Epidemien, aber auch von mörderischen Verfolgungen, ein weiteres Drittel verließ das Land als Flüchtlinge oder im Rahmen des Bevölkerungsaustausches mit Griechenland. 1923 waren von den einst 2,8 Millionen Nicht-Muslimen (20%) nur 300 000 im Lande geblieben. In Istanbul lebten vor dem Krieg 910 000 Menschen, davon 350 000 Nichtmuslime. Für 1920 werden Zahlen von einer Million bis 1,2 Millionen genannt. Zu den Einheimischen und aus den osmanischen Ländern gekommenen Flüchtlingen drängten sich im November 1920 allein 167 000 «Weiße Russen», die vor der Roten Armee geflohen waren.

Muslimische Einwanderer konnten das demographische Defizit nur zum Teil ausgleichen. Schon am Vorabend des Ersten Weltkriegs hatten Einschüchterungen und Anschläge auf Griechen im Ägäis-Raum dazu geführt, dass annähernd 150 000 von ihnen die Osmanischen Länder verließen. Ihre Häuser und Grundstücke wurden muslimischen Flüchtlingen aus Makedonien und dem Kosovo übergeben. Diese Form von «demographic engineering» konnte als Vorzeichen für die Massaker an den Armeniern und Assyrern des anatolischen Ostens gesehen werden. Die armenische Katastrophe von 1915–1916 bedeutete die Vernichtung eines Drittels der armenischen Bevölkerung und die «ethnische Säuberung» von sechs Ost-Provinzen, in denen sie einen erheblichen Prozentsatz der Bevölkerung gebildet hatten. Ein großer Teil wurde durch Zwangsheiraten und Adoptionen Minderjähriger an die Mehrheitsbevölkerung assimiliert. Nach dem Waffenstillstand (Oktober 1918) scheiterten alle Versuche der Kriegsgewinner, die enteigneten und vertriebenen Armenier nach Anatolien zurückzuführen. Lediglich in Kars und in dem von alliierten Truppen kontrollierten Kilikien gelang es vorübergehend, Armenier bis Anfang 1919 wieder anzusiedeln. Von den etwa 120 000 Personen verließen mindestens 50 000 diese Landesteile vor bzw. unmittelbar nach einem türkisch-französischen Abkommen von 1920. Die Einladung der Kemalisten im Oktober 1922 an alle einheimischen Christen, zurückzukehren, war eine leere Geste.

Einen deutlich spürbaren demographischen Einschnitt löste der Vertrag von Lausanne (24. Juli 1923) aus, der eine Vereinbarung über den Austausch der christlichen Bevölkerung Anatoliens mit den Muslimen Griechenlands mit dem Stichtag 1. Mai 1924 einschloss. Von 1912 bis etwa Oktober 1924 verließen rund 400 000 Muslime Griechenland, während 1,2 Millionen Orthodoxe aus der Türkei auswanderten. Von Letzteren kamen 627 000 aus Kleinasien, 256 000 aus Ost-Thrakien, 182 000 vom Schwarzmeerrand (Pontos) sowie 40 000 aus Istanbul, die übrigen aus nichttürkischen Gebieten wie dem Kaukasus, der Ukraine und von der Krim.

Nach den Kriegen zu Beginn des 20. Jahrhunderts war die Bevölkerung unterernährt und die Kindersterblichkeit dramatisch hoch. Der Kampf gegen Malaria und Syphilis schien aussichtslos. Im Westen Anatoliens wurden beim Rückzug der griechischen Besatzungsmacht mehr als hunderttausend Häuser zerstört, beträchtlich waren auch die Verluste an Tieren. Die «Ausgetauschten» wurden, zumal sie zu einem großen Teil «nur» Muslime (wie Pomaken, Albaner und Kreter) und keine «echten» Balkantürken waren, nicht überall in Anatolien mit offenen Armen empfangen. Nicht selten scheiterte die Zuweisung von Wohnsitzen und Ackerland der früheren christlichen Bewohner daran, dass lokale Notabeln längst die Hand auf wertvolle Grundstücke gelegt hatten. In vielen Fällen passte das Land nicht zu den Erfahrungen der Neuankömmlinge, von denen einer klagte: «Die Bergbewohner siedelte man in der Ebene an, die aus der Ebene in den Bergen.» Die jüdische Bevölkerung der Republik zählte 1927 81 872 Personen (zu 95 % Sephardim). Da immer mehr türkische Juden auswanderten, zunächst nach Israel, wohin allein 1949 26 306 gingen, später nach Europa und in die USA, verringerte sich ihre Zahl fortlaufend. Seit den späten 1950er Jahren verzeichnet die Türkei zunächst temporäre, dann sich verfestigende Bevölkerungsverluste durch Emigration. Die Zahl der nach Deutschland ziehenden «Gastarbeiter» erreichte 1974 mit etwa 650 000 Menschen einen ersten Höchststand. Flüchtlinge, Asylbewerber und Migranten, die aus den Nachfolgestaaten der Sowjetunion, dem Nahen Osten und dem subsaharischen Afrika einwandern, nehmen seit den 1980er Jahren stetig zu. Allein zwischen 1996 und 2008 nahm die türkische Polizei etwa 800 000 Personen wegen Verstößen gegen Aufenthaltsbestimmungen fest.

Der Bevölkerungsaufbau der Gegenwart unterscheidet sich stark von dem der Gründerjahre der Republik. Verantwortlich dafür sind eine abnehmende Geburten- und Sterberate, eine geringere Kindersterblichkeit und eine deutlich höhere Lebenserwartung von Männern und Frauen – mit erheblichen Folgen für das Sozialversicherungssystem. Seit 1955 sinkt die natürliche Wachstumsrate, es bleibt jedoch eine breite Grundlage der Bevölkerungspyramide, die von Jugendlichen und Erwerbsfähigen unter 40 Jahren gebildet wird. Die türkische Gesellschaft ist immer noch von konservativen Familienstrukturen geprägt: Um die Wende zum Jahr 2000 lag das Heiratsalter zwischen 18 und 24 Jahren, Zweitehen sind selten (4%) und unverheiratetes Zusammenleben statistisch nicht signifikant (0,6%) oder einfach unzureichend erfasst. Die Zahl von Eheleuten, die nach der Ziviltrauung eine Bestätigung durch einen Religionsdiener (*imam*) wünschen, ist nach einem Tief in den kemalistischen Jahrzehnten auch im städtischen Milieu deutlich gewachsen.

Das Zahlenverhältnis zwischen ländlicher und städtischer Bevölkerung erlebte einen grundlegenden Wandel. So lebten in den ersten Jahren der Republik noch etwa 80% der Menschen in ungefähr 40 000 ländlichen Siedlungen. Bei der ersten allgemeinen Volkszählung von 1927 wurde ermittelt, dass 81,6% der arbeitenden Bevölkerung in der Landwirtschaft tätig waren. Diesen 4,3 Millionen Menschen standen nur 15 711 Maschinen zur Verfügung. Auch wenn es in den kommenden Jahrzehnten zu einer optimalen Ausnutzung des agrarischen Potentials kam, war die Verstädterung nicht aufzuhalten. Im Jahr 1975 übertraf erstmals die städtische Bevölkerung die Zahl der Landbewohner. Heute entspricht das Verhältnis von Stadt- (69%) zu Landbevölkerung (31%) fast genau dem europäischen Durchschnitt. Von einer Industrialisierung einzelner Produktionszweige kann erst in den 1930er Jahren gesprochen werden. Vor dem Zweiten Weltkrieg waren weniger als 10% (etwa 700 000) von 8 Millionen arbeitsfähigen Menschen in Handwerk und Industrie tätig, 2010 sind es 30,3% der arbeitsfähigen Männer. In der Landwirtschaft ist der Anteil von weiblichen Beschäftigten (42,4 %) noch sehr hoch.

Die Rolle Istanbuls als kulturelle und wirtschaftliche Metropole blieb trotz des Wachstums der neuen Hauptstadt Ankara, deren Einwohnerzahl sich inzwischen der Fünf-Millionen-Grenze nähert, unangefochten. Nach bescheidenen Zuwächsen bis in die 1940er Jahre überschritt Istanbul in den 1950er Jahren die Millionen-Grenze. 1985 zählte die Stadt 5 843 900 Menschen, wobei ein Fünftel der statistisch erfassten Zuwanderer im Schwarzmeerraum geboren war und nur 2,6% aus dem kurdisch dominierten Südosten stammten. Die Binnenmigration hat die Stadt auf amtlich gezählte 13 355 685 Einwohner anwachsen lassen. Einem jährlichen Nettowachstum von 7,75 % entsprachen zuletzt 102 583 Personen. Der Bau zweier Autobahnbrücken (1973, 1988) über den Bosporus hat den Personen- und Güterverkehr zwischen der europäischen und der asiatischen Seite vervielfacht. Eine seit 2004 im Bau befindliche unterirdische Regionalbahn wird die Meerenge erstmals in einem erdbebensicheren Tunnel unterqueren. In den letzten zwei Jahrzehnten fand ein beachtliches Höhenwachstum statt, vor dem nur die historische Altstadt verschont wurde. Eine Skyline mit Bürotürmen beherrscht die nördlichen Stadtteile.

Bedeutende Fortschritte wurden im Bereich der Bildung erzielt. So sank der Anteil der weiblichen Analphabeten, der bei Ausrufung der Republik weit mehr als 90% betrug, allein zwischen 1975 und 2010 von etwa 50% auf knapp unter 20%. In der Gegenwart liegt der Einschulungsgrad bei Jungen und Mädchen fast unterschiedslos über 98%. Auch an den Universitäten haben sich die Zahlen von weiblichen und männlichen Studierenden angenähert. Rund 3,5 Millionen Studierende verteilen sich auf über 1600 Fakultäten und Hochschulen.

Am Ende der byzantinisch-osmanischen Imperien hatten sich große Teile Anatoliens durch Überweidung, unkontrollierte Rodung, Holzentnahme und Feuer in eine Steppe verwandelt. So war auch nach der Türkisierung Anatoliens (ab dem 11. Jahrhundert) die Entwaldung fortgesetzt worden, wobei die Eingriffe der Bauern vielleicht größer waren als die der Nomaden. Der extensive Getreideanbau, der im niederschlagsarmen Inneranatolien bis zu 90% der Anbaufläche einnahm, hatte dabei den Hauptanteil. Die Aufforstung und damit der Kampf gegen die Erosion ist eines der verspäteten republikanischen Projekte. Vor 1937 war nichts geschehen, danach standen die Maßnahmen bis in die 1950er Jahre fast nur auf dem Papier. Bis 2009 gelang schließlich die Aufforstung von fast 2 Millionen Hektar, ein immer noch zu geringer Anteil bei rund 21 Millionen Hektar Staatswald, von denen die Hälfte stark degradiert ist.

Bis auf wenige Ausnahmen gab es vor 1918 keine planmäßigen Eingriffe in die Landschaft. Heute zeigt ein Blick auf die Landkarte, wie massiv die Türkei ihre Rolle als Oberlieger der großen mesopotamischen Flusssysteme genutzt hat, um Strom zu erzeugen und die Bewässerung von Regionen unterhalb zu sichern. 1984 wurde das in den 1960er Jahren geplante und seit 1976 als «Südostanatolien-Projekt» (*Güneydoğu Anadolu Projesi*, GAP) bekannte Unternehmen in ein riesiges integriertes Entwicklungsprogramm umgewandelt, das 74 000 km^2 und damit 10% der türkischen Landesfläche umfasst und vor allem der Energiegewinnung dient. Zwischen 1971 und 1997 konnte die Türkei aber auch ihre Bewässerungsflächen mehr als verdoppeln und übertraf damit Länder wie Spanien und Ägypten. Ab Ende der 1990er Jahre wurden weitere Entwicklungsregionen ausgewiesen, darunter das Ostanatolien-Projekt und der Regionalplan Östliches Schwarzes Meer. «Diese überaus positive Entwicklung der türkischen Planung wurde entscheidend durch die Verhandlungen mit der EU, den Beitritt zur EU-Zollunion und die Bestätigung der EU-Beitrittsperspektive vorangebracht.» (Ernst Struck).

Die Entscheidung, Ankara zum Sitz von Regierung und Parlament zu bestimmen, war nicht nur als Aufwertung Anatoliens zu verstehen, sondern auch als ausdrückliche Abwendung von der osmanischen Vergangenheit. Nach dem endgültigen Verlust Rumeliens, jener Balkanprovinzen, aus denen große Teile der osmanischen und republikanischen Elite stammten, wurde die mentale Entfernung der anatolischen Menschen von der alten Metropole Istanbul oft thematisiert. Der Erzähler in Yakup Kadri Karaosmanoğlus Roman «Der Fremde» (1932) wählte einen drastischen Vergleich: «Der Unterschied zwischen einem gebürtigen Istanbuler, der die Schule besucht hat, und einem anatolischen Bauern ist gewaltiger als der Unterschied zwischen einem Engländer aus London und einem Inder aus dem Pandschab ...». Ankara hatte im Gegensatz zu Kayseri und Sivas zudem den Vorzug eines Eisenbahnanschlusses. Mit der Beschränkung der Republik Türkei auf ihre Territorien östlich des Bosporus und ein kleines Stück Thrakien lag nichts näher als den Namen «Anadolu» auf der Landkarte einzutragen. Ursprünglich verstand man unter Anatolien nur Kleinasien als den westlichen, halbinselförmigen Teil der asiatischen Türkei. Durch die Erfindung von Regionalnamen wie «Ostanatolien», «Südostanatolien» und «Schwarzmeerraum» versprach man sich eine Auslöschung des Gedächtnisses an historische Landschaftsnamen wie Armenien, Kurdistan, Kilikien, Obermesopotamien oder Pontos und mit ihnen verbundene Besitzansprüche. Von den vortürkischen Bezeichnungen wird offiziell außer Anadolu und Ege (Ägäis) nur noch der Thrakiens (*Trakya*) verwendet.

Die Republik Türkei gliedert sich heute in 81 Provinzen *(il*, früher *vilayet*), deren Verwaltung unter einem vom Innenministerium eingesetzten *vali* an das französische Präfekturwesen angelehnt ist. Herkömmliche Provinznamen wurden im Laufe der frühen Republik durch artifizielle türkische Bildungen ersetzt. Bekannte Beispiele sind Dersim (siehe S. 56), das zu Tunceli («Bronzeland») wurde, und der *Sancak* İskenderun (siehe S. 20), der noch vor seinem Anschluss an die Türkei den pseudo-hethitischen Namen Hatay erhielt. Auch auf der Ebene der Siedlungsnamen wurden massive Umbenennungen vorgenommen, die erst Anfang des 21. Jahrhunderts in kurdischen Landesteilen an einigen Stellen durch zweisprachige Hinweisschilder zurückgenommen wurden.

Hatten die Publizisten der spätosmanischen Zeit noch von Doppelidentitäten – einer imperialen (als Osmane) und einer darunterliegenden sprachlich-religiösen Zugehörigkeit (als muslimischer Albaner oder christlicher Araber) – gesprochen, kam für die kemalistische Staatsdoktrin nur noch eine homogene Form von Türkentum in Frage. Alle Verfassungen der Republik definierten «Türke» als Staatsangehörigen der Türkei. 1924 heißt es ausdrücklich «ohne Ansehung des Glaubens und der Rasse», 1961 lautet der entsprechende Artikel «Türke ist, wer auf Grund der türkischen Staatsangehörigkeit an den türkischen Staat gebunden ist», und 1982 «Jeder, den mit dem Türkischen Staat das Band der Staatsangehörigkeit verbindet, ist Türke». Im Gegensatz zu diesem Inklusivismus, der alle Minderheiten einschließt, lebt jedoch die vom ehemaligen Wirtschafts- bzw. Justizminister Mahmud Esad Bozkurt (1892–1943) geprägte Bezeichnung vom «Türken *qua* Gesetz» (*Kanun Türkü*) fort. Dabei gilt die Überzeugung, dass Nichtmuslime *allein* durch ihre juristische Eigenschaft als Staatsangehörige Türken seien. Tatsächlich hat das oberste Gericht bis in die 1970er Jahre ausdrücklich Nichtmuslimen bestimmte Rechte versagt, darunter das Eigentum an Immobilien durch von ihnen gebildete juristische Personen sowie Kirchenstiftungen. Erst 2011 zeichnete sich eine grundsätzliche Gleichstellung von nichtmuslimischen und muslimischen Stiftungen ab. Widersprüchliche Begriffe wie «einheimische Ausländer» kennzeichnen das Unbehagen. Aus den «zukünftigen Türken» der kemalistischen Doktrin wurden nur dem Wort nach «Mitbürger» (Mesut Yeğen).

Eine Anzahl kleinerer Sprachen, die man noch in der frühen Republik hören konnte, war durch Assimilierung zum Aussterben verurteilt. Manchmal trat ein nichttürkisches Idiom an die Stelle der bisherigen Muttersprache. Ein bekanntes Beispiel ist das Ubychische, das in den 1950er Jahren endgültig durch das Adyge, eine andere nordwestkaukasische («tscherkessische») Sprache, verdrängt wurde. Inzwischen erleidet Adyge dasselbe Schicksal wie das Ubychische. Die Nordkaukasier der Türkei pflegen ihre Tradition nur noch auf Türkisch. Arabophone Menschen aus Siirt, die in die kurdische Kernprovinz Hakkâri einwanderten, übernahmen rasch den dortigen Dialekt, ohne dass man diese Siirtli als Kurden versteht. Am Rande des Schwarzen Meers gibt es noch heute muslimische Dorfgemeinschaften, die einen armenischen bzw. pontisch-griechischen Dialekt sprechen. Neben den Armeniern, von denen die allermeisten Türkisch als Muttersprache verwenden, waren die Karamanlı (siehe S. 55) die größte derjenigen Gruppen, bei denen sich Konfession (griechisch-orthodox) und Sprache (türkisch) nicht deckten. Von dem Bevölkerungsaustausch wurden sie, weil die Religion das Auswahlkriterium war, nicht verschont.

Als Ergebnis des die gesamte männliche Bevölkerung erfassenden Militärdienstes und einer immer effizienteren Schulpflicht verbreitete sich die Kenntnis des Türkischen auch außerhalb der Städte. Damit wurde Zweisprachigkeit bei den Kurden und den zahlenmäßig viel geringeren Arabern, Lasen und Georgiern zur Regel. Im Südosten des Landes kann man bei Männern zumeist von Zweisprachigkeit ausgehen. Kurden östlich des Euphrats können sich auch auf Türkisch verständigen, Türken in diesem Raum auch auf Kurdisch. Westlich dieser Grenze ist es anders: Hier sind von Kurden gute Türkisch-Kenntnisse gefordert, während die Türken ohne Kurdisch auskommen. 2011 gaben 13,2% der Kurden bei einer repräsentativen Befragung an, Türkisch als Muttersprache zu gebrauchen. Umfassende Statistiken über die ethnische Zusammensetzung der Bevölkerung in der Türkei wurden zu keinem Zeitpunkt veröffentlicht. Die 1987 publizierten Karten des «Tübinger Atlas des Vorderen Orient» (Peter Andrews) erfassten immerhin 47 verschiedene Ethnien im ländlichen Raum. Man muss unterstreichen, dass für die Bevölkerungszusammensetzung der Städte, in denen der Großteil der Menschen heute lebt, keinerlei brauchbare Daten vorliegen. Alle Prozentzahlen, die über die wichtigsten ethnischen und religiösen Gemeinschaften genannt werden, beruhen auf groben Schätzungen.

Die türkischen Streitkräfte tragen die Hauptverantwortung dafür, dass die Türkei – von 1946 bis in die Anfänge des 21. Jahrhunderts – als Sonderfall einer demokratischen Republik gilt. Einerseits zieht die Armee die größte Aufmerksamkeit als latente Opposition auf sich, andererseits ist sie die Institution, von der man am wenigsten weiß. «Die türkischen Streitkräfte sind im Vergleich zu anderen Ländern die beredtsten, aber gleichzeitig diejenigen, die es am wenigsten schätzen, wenn man von ihnen spricht – abgesehen von lobenden Worten» (Ahmet İnsel). Auch wenn der preußische Militarismus eine prägende Wirkung hatte – so gab es von Helmuth von Moltke in den 1830er Jahren über Goltz Pascha bis zum Ausbruch des Zweiten Weltkriegs deutsche Berater und Kommandeure im Land –, bildeten die türkischen Generäle und Offiziere, da ein Geburtsadel fehlte, keine vom Durchschnitt der Bevölkerung abgehobene soziale Gruppe. Seit den jungtürkischen Reformern sahen sie sich als Erzieher der Nation.

Ungeachtet aller dramatischen Umbrüche und rasanter Prozesse weist die Türkei ein beachtliches Maß an Kontinuität mit der osmanischen Vergangenheit auf – sofern man die Rolle der Nichtmuslime in dieser Epoche ausklammert. Bürokratie und politisches Establishment stehen nach wie vor in einem engen, durch vielfältige Formen von Patronage und Klientelismus verbundenen Zusammenhang. Wie in der osmanischen Epoche beansprucht der Staat die Kontrolle über die Religion. «Staatlicher Autoritarismus, Rigorosität, Strenge und Formalismus» tragen das osmanische Erbe weiter (Şerif Mardin). Anders als die Staaten der arabischen Welt, in denen der Anschluss an kulturelle und militärische Leistungen der Altvorderen mit dem *nationbuilding* nur sehr bedingt zu verknüpfen war, hat sich der Republik Türkei trotz aller proklamierten «Zurückweisung des (osmanischen) Erbes» (*redd-i miras*) die Aufgabe, eine Nation zu gründen, nie gestellt, denn sie war schon eine Nation *avant la lettre*.

2. Die Republik vor der Republik (1920–1923)

Der Weltkrieg endete für das Osmanische Reich an Bord des britischen Kriegsschiffs *Agamemnon*, das im Hafen von Mudros (türkisch Mondros) vor der Ägäis-Insel Lemnos ankerte. Eine von der Sultansregierung ermächtigte Delegation unter dem

Marineminister Rauf Bey (Orbay) unterschrieb hier am 30. Oktober 1918 das von Admiral Arthur G. Calthorpe diktierte Waffenstillstandsabkommen. Die französischen und italienischen Verbündeten Englands waren nicht hinzugezogen worden. Die wichtigsten Bestimmungen des 25-Punkte-Papiers lauteten: Die türkische Armee musste bis auf die für die Bewachung der Grenzen und die Aufrechterhaltung der Ordnung erforderlichen Formationen sofort demobilisiert werden. Die Flotte war den Alliierten zu übergeben und alle Häfen, Eisenbahnen und Telegraphen ihrer Kontrolle zu unterstellen. Die Beziehungen zu den Mittelmächten Deutschland und Österreich-Ungarn mussten vollständig abgebrochen werden, deren gesamtes (mindestens 10 000 Mann starkes) militärisches und ziviles Personal hatte das Land zu verlassen. Jenseits der Demarkationslinie zwischen den nicht besetzten Gebieten und denen unter alliierter Kontrolle durfte, so wollte es der äußerst dehnbare Artikel 7, bei einer Lage, «welche die Sicherheit der Alliierten bedroht», jeder Punkt besetzt werden. Im Falle von Unruhen in den sogenannten «Sechs armenischen Provinzen» behielten sich die Sieger das Recht vor, beliebige Teile zu okkupieren.

Am 13. November lagen trotz Admiral Calthorpes Versicherung, die osmanische Hauptstadt nicht besetzen zu wollen, 55 Schiffe aller drei Mächte vor Istanbul. Die Alliierten ließen sich durch das Papier von Mudros auch anderenorts nicht binden. Noch im November marschierten die Briten in Mosul, Mittelpunkt eines erdölreichen Gebiets, sowie in das nordsyrische Kilis ein. Frankreich okkupierte die Städte Adana, Urfa und Maraş. Antakya und İskenderun mit ihrer ethnisch äußerst bunten Gemengelage blieben bis 1938 als *Sancak Alexandrette* Bestandteil des französischen Mandatsgebiets Syrien. Italien sicherte sich Antalya und sein Hinterland. Bereits 1915 hatte die Entente Rom den Kriegseintritt mit der Besetzung eines «gerechten Anteils» – im Fall einer Aufteilung der asiatischen Türkei – schmackhaft gemacht. Der «Waffenstillstand» von Mudros war in Wirklichkeit eine folgenreiche Kapitulation, hatte aber zunächst weder eine Regierungsneubildung noch den Thronverzicht des Sultans zur Folge. Anders als in den Hauptstädten der

Verbündeten, Berlin und Wien, hatte die osmanische Dynastie ihre Residenzen nicht mit dem Exil vertauschen müssen. Die Aussicht, dass auch noch im 500. Jahr nach der Eroberung Konstantinopels (1453) ein Sultan am Bosporus sitzen würde, schien im 465. Jahr nach dieser Epochenschwelle noch im Bereich des Möglichen. Die Istanbuler Tageszeitung *Minber* («Rednerpult») kommentierte die harten Bedingungen von Mudros mit einigem Verständnis und wies vor allem auf die Tausende junger Menschen hin, die dem Krieg sonst weiterhin täglich zum Opfer fielen: Auch wenn ein Staat verkleinert werde, bewahre er dennoch seine politische Existenz und seine nationale Einheit.

Zu den Autoren von *Minber* gehörte jener Mustafa Kemal Paşa, der unter dem späteren Namen Atatürk das Schicksal der Türkei prägen sollte. Schon bei Kriegsende war er ein bekannter Befehlshaber. In der Dardanellen-Schlacht von 1915 hatte er einen entscheidenden Beitrag bei der Zurückschlagung der Commonwealth-Truppen geleistet, die schon Teile der Halbinsel von Gallipoli besetzt hatten. Danach wurde er mit wichtigen Kommandos im Osten des Reichs betraut. Atatürk, der wohl 1881 (das genaue Geburtsdatum ist nicht bekannt) in Saloniki, der größten osmanischen Stadt auf dem Balkan, als Sohn kleiner Leute zur Welt gekommen war, hatte Militärschulen in seiner Heimatstadt, in Monastir/Bitola und in Istanbul besucht. In den letzten Jahren des repressiven Regimes von Sultan Abdülhamid II. (reg. 1876–1909) war er Teil des oppositionellen jungtürkischen Netzwerkes gewesen. Im nordafrikanischen Tripolis hatte er sich 1911 an dem aussichtslosen Kampf gegen die italienische Besetzung der letzten osmanischen «Überseedepartments» beteiligt. Lektüren, Gespräche und Reisen in europäische Städte (Paris, Wien, Berlin) sowie ein längerer Aufenthalt als Militärattaché in Sofia machten ihn nicht nur zum entschiedenen Anhänger westlicher Lebensformen, sondern auch zu einem wissenschaftsgläubigen Positivisten.

Bis zum Waffenstillstand waren große Teile der osmanischen Provinzen, insbesondere das innere Anatolien, der Schwarzmeerraum, der Südkaukasus, das Armenische Hochland, Kurdistan und Obermesopotamien, von keinem alliierten Soldaten betreten worden. Nachdem die osmanischen Armeen große Verluste (etwa 325 000 Gefallene, 350 000 Verwundete?) erlitten hatten, standen 1918 nominell noch 560 000 Mann unter Waffen. Anfang 1919 jedoch war die Armee auf einen kümmerlich bewaffneten Rest zusammengeschrumpft. Die Zukunft des Landes hing von ihrer Reorganisation ab. Ihre Befehlshaber hatten zwar auf drei Kontinenten im Jemen, in Albanien und Tripolitanien für Sultanat und Kalifat gekämpft, sie verband aber die Einsicht, dass der Rückzug auf das kleinasiatische Kernland unvermeidlich war. Dabei kannte Atatürk die «Asiatische Türkei» in den ersten drei Jahrzehnten seines Lebens nur aus dem Atlas.

Die für den Kriegseintritt an der Seite Deutschlands verantwortlichen jungtürkischen Triumvirn Enver Paşa, Cemal Paşa und Talat Bey sowie andere an den Armenier-Massakern beteiligte Befehlshaber und Politiker waren kurz nach dem Waffenstillstand auf einem deutschen Schiff nach der Krim und von dort aus nach Berlin geflüchtet. Atatürk war zu diesem Zeitpunkt von seinem letzten Kommando aus Syrien zurückgekehrt. Als Adjutant des Sultans hatte er Zugang zu Sultan Mehmed VI. Vahdeddin (1918–1922), mit dem er am 15. November das erste von vier Gesprächen führte und sich vergeblich um das Amt des Kriegsministers bewarb. Tage später veranstaltete der Kommandant der alliierten Orient-Armee Franchet d'Esperey eine triumphale Parade unter den blau-weißen Fahnen, die die Wohnviertel der griechischen Minderheit von Beyoğlu beherrschten. Die Sieger nutzten in der Folge die rechtswidrige *de facto* Besetzung Istanbuls als wichtigstes Druckmittel, um nach einem Friedensvertrag ihre Interessen durchzusetzen.

Noch vor Ende 1918 löste sich das osmanische Parlament auf. England und Frankreich hatten sich im Sykes-Picot-Abkommen (16. Mai 1916) über «Einflusszonen und Territorialerwerbungen» im ostarabischen Raum verständigt. Griechenland war im Sommer 1917 der Entente beigetreten und verkündete jetzt seinen Anspruch auf ganz Thrakien und Teile des westlichen Anatolien. Am 14. März 1919 genehmigte der Oberste Rat der Pariser Friedenskonferenz den Plan einer griechischen Landung in

Kleinasien. Zwei Tage später stellte die griechische Gemeinde Istanbuls die Beziehungen zur osmanischen Regierung wie zu einem fremden Staat ein. Im östlichen Schwarzmeerraum forderten Griechen eine autonome Republik «Pontos» bzw. «Trapezunt». Die Armenier legten in Paris eine Karte vor, mit der sie Gebietsansprüche anmeldeten, die sich unvermeidlich mit türkischen, kurdischen und georgischen Siedlungsräumen überschnitten. Allerdings hatte das Ausscheiden Russlands nach der Oktoberrevolution der Resttürkei am Schwarzen Meer und im Südkaukasus wieder etwas Bewegungsfreiheit verschafft.

Nach einem Dekret über die Schaffung von Gerichtshöfen zur Verurteilung von Kriegsverbrechern (9. März) ließ die Sultansregierung in Istanbul unter Damad Ferid Paşa führende Mitglieder der «Gesellschaft für Einheit und Fortschritt» (*İttihad ve Terakki Cemiyeti,* İTC) verhaften, soweit sie nicht nach Anatolien oder ins Exil gegangen waren. Am 28. April wurde der Istanbuler «Jungtürken-Prozess» eröffnet, in dessen Mittelpunkt der Vorwurf stand, die Deportationen der Armenier hätten das Ziel gehabt, sie zu vernichten, um damit die «Orientalische Frage» zu lösen. Todesurteile wurden nur gegen die abwesenden Führer ausgesprochen, die anwesenden Angeklagten erhielten mildere Strafen.

In den letzten Kriegstagen hatten sich bereits osmanische Offiziere und zivile Amtsträger in der Geheimorganisation *Karakol* («Wacht») zusammengeschlossen, um den Kampf gegen Griechen und Armenier vorzubereiten. Sie wurde nach 1920 mehr oder weniger bruchlos in die Widerstandskomitees überführt, die sich seit dem Frühjahr 1919 in verschiedenen Landesteilen gebildet hatten, darunter die einflussreiche «Gesellschaft zur Verteidigung der Rechte der östlichen Provinzen». Admiral Calthorpe klagte schon am 21. März in einem Bericht über die wachsende Zahl dieser Komitees zwischen Sivas und Erzurum. Vermutlich Mitte April fasste Atatürk den Plan, nach Anatolien zu gehen. Er war zunächst zum Inspekteur der 3. Armee ernannt worden mit dem Auftrag, osmanische Truppenteile im nördlichen Kleinasien zu demobilisieren. Seine Landung in Samsun am 19. Mai 1919 gilt als offizieller Beginn des anatolischen Widerstands, auch wenn er zu diesem Zeitpunkt noch mit der Sultansregierung kooperierte und im Osten des Landes osmanische Einheiten unter Kâzım Karabekir Paşa (1882–1948) bereits in Kämpfe mit armenischen Truppen verwickelt waren.

Vier Tage vor dem 19. Mai waren in İzmir (Smyrna) griechische Truppen ausgeschifft worden. Das in der «Kleinasiatischen Katastrophe» endende Abenteuer des griechischen Ministerpräsidenten Venizelos nahm seinen Lauf. Die Muslime Istanbuls protestierten am 23. Mai auf dem Hippodrom in einem berühmtem *miting* gegen die griechische Landung. Nach einer zweiten Versammlung im Herzen Istanbuls verbot Calthorpe weitere derartige Veranstaltungen. Auch ohne diese Manifestationen, so wichtig sie waren, um den Patriotismus wieder zu entfachen, hätten sich die Türken mit der Besetzung ihres Landes nicht abgefunden. Erste Kämpfe zwischen griechischen Einheiten, die im Raum Ayvalık (gegenüber von Lesbos) gelandet waren, und türkischen Kräften waren im Mai ausgebrochen.

Vergeblich versuchte die Istanbuler Regierung, einen großen Kongress der Widerstandsorganisationen in Erzurum zu unterbinden. Statt dem Rat des Sultans zu folgen, zwei Monate «Urlaub» zu nehmen, legte Atatürk förmlich seine Uniform als Befehlshaber der 3. Armee ab. In Erzurum trafen sich unter seinem Vorsitz im Sommer 1919 neben Notabeln und Glaubensmännern vor allem die Kommandeure der wichtigsten verbliebenen Truppenteile wie etwa Kâzım Karabekir und Ali Fuad Cebesoy (1882–1968). Karabekir, der sich als zweiter Mann sah, war zweifellos die stärkste Persönlichkeit unter den Paschas, die in der Folge Gegenpositionen zu Atatürk vertraten. Später ließ er sich er sogar überreden, an die Spitze einer kurzlebigen Oppositionspartei zu treten. Zu den Beschlüssen von Erzurum gehörte die Untrennbarkeit der Ostprovinzen vom Rest des Reiches. Sämtliche Muslime seien Brüder und bildeten innerhalb der Waffenstillstandsgrenzen eine unteilbare Nation. Alle griechischen und armenischen Souveränitätsansprüche auf Gebiete innerhalb dieser Grenzen würden zurückgewiesen. Man respektiere zwar die Rechte der Christen, mache jedoch keine neuen Zugeständnisse. Zugleich warnten die in Erzurum Versammelten Istanbul, dass man, falls die Regierung die Ostprovinzen vernachlässige oder aufgebe, eine vorübergehende Verwaltung etablieren werde. Im engsten Kreis eröffnete Atatürk in Erzurum seine wichtigsten politischen Ziele: die Republik als Regierungsform, woraus die Abschaffung des Sultanats «zu gegebener Zeit» von selbst resultiere, die Aufhebung von Schleier und Fes sowie die Übernahme der lateinischen Buchstaben. Diese Vorstellungen mussten den wenigen Eingeweihten zu diesem Zeitpunkt und an diesem Ort eher wie ein intellektuelles Gedankenspiel als wie ein politisches Programm vorgekommen sein. Jedenfalls blieben die fünf Punkte, von denen sich allein zwei auf die zukünftige Kleiderordnung bezogen, aber keiner zentrale religiöse Themen berührte, noch eine verborgene Agenda.

Nach wichtigen Regionalkongressen im Westen (in Balıkesir im Juli und September bzw. in Alaşehir im August) ohne Beteiligung Atatürks trat im September 1919 in Sivas ein Kongress von nationaler Bedeutung zusammen. Obwohl dieser nur von etwa 30 Delegierten der «Anatolischen und Rumelischen Gesellschaften zur Verteidigung der Rechte» (*Anadolu ve Rumeli Müdafaai Hukuk Cemiyeti*) besucht wurde, kann seine Bedeutung für die Vorgeschichte der Republik nicht überschätzt werden. Atatürk sollte die Ortswahl später mit den Gründungsversammlungen von Bordeaux 1871 und Weimar 1919 vergleichen. Die für diesen Teil Anatoliens zuständige französische Besatzungsmacht war so nervös, dass sie mit der Besetzung der Stadt drohte, die wegen ihrer schweren Erreichbarkeit als sicherster Ort im Lande galt. Die Delegierten besiegelten die wichtigsten Ergebnisse von Erzurum in Form von Statuten. Insbesondere aber nahmen sie die Inhalte des späteren «Nationalpakts» vom 28. Januar 1920 vorweg, in dem die Waffenstillstandsgrenzen als nicht verhandelbar festgelegt wurden. In Sivas wurde ein «Organisationsschema» beschlossen, das alle Bestandteile einer Verwaltung von der Ebene der Dörfer und Stadtviertel bis zu den Provinzen aufwies. Ein aus neun bis sechzehn Personen bestehender «Vertreterausschuss» bildete das oberste Gremium eines Apparats, der militärische, administrative und politische Funktionen beanspruchte. Bei aller religiösen und patriotischen Rhetorik war ausländischen Zeitzeugen wie dem Befehlshaber der interalliierten Streitkräfte Sir George Milne klar, dass man sich in Richtung Republik bewegte.

Das osmanische Parlament in Istanbul bestand ungeachtet dieser Entwicklungen noch fort. Nach seiner Wiedereröffnung im Januar 1920 und dem Ausscheiden so gut wie aller nichtmuslimischen, aber auch der meisten arabischen Abgeordneten (die zuletzt etwa ein Drittel der Sitze eingenommen hatten), hatte es aufgehört, ein Spiegel des untergehenden Vielvölkerstaats zu sein. Am 17. Februar stimmten die Deputierten dem «Nationalpakt» zu. Nach der offiziellen (oder eher verschärften) Besetzung Istanbuls durch die britische Armee protestierte die Pforte nur schüchtern, während Atatürk einen Appell an die gesamte islamische Welt richtete. Sein nächster Schritt war die Einberufung einer ortsfesten repräsentativen Kammer in Ankara. 92 Istanbuler Abgeordnete hatten den Bosporus überquert und sich dem anatolischen Widerstand angeschlossen. Eine Anzahl weiterer, darunter 14 von den Engländern nach Malta deportierter Personen, befand sich allerdings außerhalb der türkischen Grenzen. 232 Persönlichkeiten aus den Reihen der «Gesellschaften zur Verteidigung der Rechte», unter ihnen Atatürk, wurden nach den Regeln des Wahlgesetzes von 1876 in einem zweistufigen Verfahren neu bestimmt. Am 23. April 1920 traten die solchermaßen legitimierten Politiker zur «Großen Türkischen Nationalversammlung» (*Türkiye Büyük Millet Meclisi,* TBMM) zusammen. Erwartungsgemäß wurde Atatürk zu ihrem Vorsitzenden gewählt. Wohl wissend, dass die Mehrheit der Deputierten unter der TBMM eine Art ausgelagertes osmanisches Parlament verstand, vermied er Begrifflichkeiten wie «Regierung» oder gar «Republik». Nach wie vor galt der Sultan als Staatsoberhaupt mit der religiösen Autorität eines Kalifen, auch wenn er durch die Alliierten in seiner Bewegungsfreiheit bis zur «Gefangenschaft» eingeschränkt sei. Bei der *Meclis*-Eröffnung waren erst 115 Deputierte anwesend, 62 trafen im Mai, andere noch später in Ankara ein. Die Stärke des osmanischen Parlaments von zuletzt 259 Deputierten wurde freilich lange nicht annähernd erreicht. Zwei Tage zuvor hatte Atatürk in einem «sehr dringenden» Telegramm an militärische und zivile Amtsträger die Einzelheiten der *Meclis*-Eröffnung dargelegt. Die vorgesehenen Zeremonien setzten sich aus unlösbar miteinander verbundenen religiösen und patriotischen Bestandteilen zusammen. So hatte er den Zeitpunkt nach dem Freitagsgebet gewählt, an dem alle Deputierten in der Moschee des Hacı Bayram teilzunehmen hatten «und in dessen Verlauf das Licht des Korans und des Aufrufs zum Gebet sich auf die Gläubigen ergießen werde». Danach sollte das XVI. Armeekorps Aufstellung nehmen. Anschließend waren die Opferung von Hammeln sowie die Präsentation der Heiligen Fahne und eines Behälters mit dem Barthaar des Propheten vorgesehen. Der Einsatz dieser Reliquien zeigt, dass man nicht versäumte, die alten Instrumente der osmanischen Herrschaftslegitimation vorzuführen. Sehr beengt und zunächst ohne Heizung tagte die *Meclis* unweit der Moschee im Klubhaus der ehemaligen Ortsgruppe der «Gesellschaft für Einheit und Fortschritt».

Am 10. April 1920 erklärte der Scheichülislam, die höchste islamrechtliche Autorität am Sitz des Kalifen, alle am nationalen Widerstand Beteiligten zu Ungläubigen, «deren Tötung notwendig» sei. Atatürk veranlasste daraufhin den *Müftü* von Ankara, Rifat Efendi, zu einem berühmten «Gegen-Fetva», das von anderen lokalen Rechtsgelehrten mit unterzeichnet wurde (Rifat wurde später ein getreuer, alle Reformen mittragender Gefolgsmann Atatürks). Nun galt es, die Loyalität der anatolischen *Meclis* zu Sultan und Kalif allgemein bekannt zu machen. Ein entsprechendes Rundschreiben sollte «in Form großer Plakate öffentlich ausgehängt und an den Orten, wo dies möglich ist, gedruckt, vervielfältigt und kostenlos verteilt werden». Die Behörden wurden aufgefordert, alle Mittel anzuwenden, damit die Nachricht in die entlegendsten Dörfer, zu den kleinsten Truppenabteilungen und allen Organisationen und Institutionen des Landes gelangen konnte. Die Lesungen von Koran, Hadith (Überlieferungen von Worten und Taten Muhammads) und *Mevlûd* (Texte zum Prophetenleben) zur Eröffnung der *Meclis* sollten sich nicht auf Ankara und die osmanischen Städte beschränken, sondern im ganzen Land veranstaltet werden.

Bei der Eröffnung der Großen Nationalversammlung waren sich die Teilnehmer der Besonderheit des Tages bewusst. Ob sie aber ahnten, dass sie im Dienste einer Revolution ohne sichtbare Revolutionäre tätig waren, muss bezweifelt werden. Atatürk hätte gewiss die überwältigende Unterstützung der anatolischen Religionsgelehrten (*ulema*) verloren, wenn er nicht seinen Aufruf zur Eröffnung einer Nationalversammlung mit der Notwendigkeit der «Befreiung des Kalifats und Sultanats» von alliierter Vorherrschaft begründet hätte. Aus dieser «Gefangenschaft» des Sultan-Kalifen konnte er den Anspruch der Versammlung in Ankara ableiten, die oberste Behörde aller Zivil- und Militäreinrichtungen des Osmanischen Staates zu bilden, der selbstverständlich auch Thrakien (Ost-Thrakien wurde erst im Juli 1920 von griechischen Truppen okkupiert) einschloss. Auch das Programm des ersten Ministerrats, dessen Vorsitz Atatürk innehatte und der sich als ein «Ausschuss der Vollzugsbevollmächtigen», das heißt als Ausführungsorgan der Versammlung, verstand, betonte als Ziel noch ausdrücklicher das Wohl des Vaterlands, die Unabhängigkeit und Unverletzlichkeit von Kalifat und Sultanat sowie die Erlösung der Hauptstadt aus der Gefangenschaft. Am Tag nach der feierlichen Eröffnung wählten 110 der anwesenden 120 Deputierten Atatürk zum Vorsitzenden. Niemand konnte wissen, dass er ohne Unterbrechung bis zu seinem Tode Ende 1938 an der Spitze des neuen Systems stehen würde. Am 28. April, zu einem Zeitpunkt, als die Provinz İzmir in griechische, die Umgebung von Antalya in italienische und Antep (heute: Gaziantep), Maraş (Kahramanmaraş) und Urfa (Şanlıurfa) in französische Hände gefallen waren, warnte er davor, «gekauften Verrätern» Glauben zu schenken, die von einem Aufstand der *Meclis* gegen den *Padişah* (Sultan) und *Halife* (Kalif) sprächen. «Der Fluch Gottes sei über den Verrätern, die dem Feinde beistehen!»

Wenige Tage später wurde eine Erklärung des *Meclis*-Ausschusses für religiöses Recht veröffentlicht, die sich nicht nur an die Mitbürger, sondern an die gesamte islamische Welt richtete. Der Text begründete die Legitimität des Regimes mit Koranstellen wie «Und tötet sie, wo (immer) ihr sie zu fassen bekommt, und vertreibt sie, von wo sie euch vertrieben haben!» (Sure 2, 191). Nach der Ausrufung des Belagerungszustands in Istanbul und der Einrichtung von Kriegsgerichtshöfen mache man sich daran, die islamische Nation nach «britischen Gesetzen» abzuurteilen und zu bestrafen. Die Engländer würden in den besetzten Gebieten mit nichtmuslimischen Untertanen zusammenarbeiten und sie dazu aufstacheln, die Muslime zu töten, die Ehre ihrer Mädchen und Frauen zu verletzen und Heiligtümer samt dem Buch Gottes herabzuwürdigen. Der Appell endet mit der koranischen Maxime «Helft einander zur Frömmigkeit und Gottesfurcht», um das Kalifat als Zufluchtsort von mehr als 300 Millionen Muslimen nicht im Stich zu lassen. Am 9. Mai 1920 stand das Programm des ersten Ministerrats mit 11 Ressortministern fest. Dieses Kabinett definierte sich als ein «Rat von Vollzugsbeauftragten», der ohne Trennung zwischen Exekutive und Legislative den Willen der Nation repräsentierte. Entsprechend wurden die Vollzugsbeauftragten von der *Meclis* in Einzelabstimmungen gewählt. Die Spannungen zwischen den Kemalisten und der Istanbuler Regierung unter dem Großwesir Damad Ferid Paşa, der in ihnen nicht zu Unrecht Wiedergänger der aufgelösten «Gesellschaft für Einheit und Fortschritt» erkannte, erreichten nun ihren Höhepunkt. Am 11. Mai 1920 verurteilte das oberste Kriegsgericht Mustafa Kemal (Atatürk), den Müftü Rifat Efendi, Ali Fuad (Cebesoy) und das Gelehrten-Schriftstellerpaar Adıvar zum Tode.

Die durchaus uneinheitliche Zusammensetzung der ersten TBMM – ehemalige Politiker der nationalistischen «Gesellschaft für Einheit und Fortschritt», sogenannte «Liberale» und Religionsmänner – spiegelte sich in den Stimmen für Atatürks Stellvertreter. Zum Vizepräsidenten wurde mit 109 Voten der Jurist Celaleddin Arif gewählt, der zu den Mitgliedern einer kleinen Partei gehörte, die kaum über die Istanbuler Mittelschicht hinaus bekannt war. Seine Gegnerschaft zu Atatürk sollte sehr bald zu seiner Marginalisierung und Exilierung führen. Ein Beispiel für das besondere Gewicht von Religionsgelehrten und Mitgliedern der mystischen Bruderschaften ist der mit der drittgrößten Stimmenzahl in das Präsidium gewählte Abdülhalim

Efendi. Als *Çelebi* war er das Oberhaupt der Mevleviye-Bruderschaft, die ihren Stammsitz Konya noch vor dem Auftreten des Hauses Osman in Anatolien eingenommen hatte. Auch der höchste Repräsentant der heterodoxen Bektaşî-Gemeinschaft, Scheich Cemaleddin, war als Abgeordneter von Kırşehir gewählt und erhielt im ersten Wahlgang 31 Stimmen.

Das Bild dieser *Meclis* war zwar längst nicht mehr so bunt wie das der osmanischen Parlamente vor 1918, doch war jedermann bewusst, dass man es mit unterschiedlichen Volksgruppen zu tun hatte. In seiner Rede vom 1. Mai definierte Atatürk eine multiethnische, aber religiös homogene Staatsbevölkerung. «Die Personen, die unsere Hohe Ratsversammlung bilden, sind nicht allein Türken, nicht allein Tscherkessen, nicht allein Kurden, nicht allein Lasen.» Er betonte ausdrücklich, dass diese «einander aufrichtig zugetane» (*samîmî*) Gemeinschaft nicht aus *einer* muslimischen Volksgruppe, sondern aus *mehreren* Elementen zusammengesetzt sei. Zu den nationalen Grenzen bemerkte er, dass diese südlich von İskenderun verliefen und Mosul, Süleymaniye und Kirkuk einschlössen, denn nördlich wie südlich von Kirkuk lebten sowohl Türken als auch Kurden.

In den ersten Monaten verschafften sich Abgeordnete mit moralischen und religiösen Anliegen Gehör. Themen waren unter anderem ein erfolgreicher Gesetzesvorschlag zum Verbot von Alkohol und ein verschärftes Ehrenschutzgesetz für den Propheten Muhammad. Die Aufhebung des Sultanats (siehe S. 37) oder gar des Kalifats (siehe S. 40) standen jedenfalls noch nicht auf der Tagesordnung. Mit seinem Vorschlag, der *Meclis* einen Namen wie «Gründerversammlung» zu geben, konnte sich Atatürk nicht durchsetzen, auch wenn bei manchen Deputierten in den folgenden Jahren das Gefühl die Oberhand gewann, Mitglied einer revolutionären *Assemblée Nationale* nach französischem Muster zu sein. Wie diese beanspruchte die *Meclis* außerordentliche Vollmachten und tagte, ohne Parlamentsferien einzulegen. Obwohl Frankreich noch große Landesteile im Südosten besetzt hielt, zeigen diese Beispiele, dass der Kalender der Französischen Revolution samt ihren Personen und Institutionen nach wie vor ein Referenzsystem fortschrittlicher Osmanen bildete. Auch

Atatürk verglich noch im Juli 1922 den Kampf des anatolischen Volkes mit dem der Franzosen nach der Revolution gegen ihre reaktionären Feinde.

In der TBMM standen sich zwei «Gruppen» wie die Fraktionen von konkurrierenden politischen Parteien gegenüber. Die offizielle republikanische Geschichtsschreibung würdigte die von Atatürk dominierte «Erste Gruppe» als durch und durch fortschrittlich und denunzierte die «Zweite Gruppe» als reaktionär und noch tief im osmanischen System verwurzelt. Ebenfalls stark überzeichnet wurde das soziale Profil beider Gruppen: So wollten Autoren die Erste Gruppe vor allem mit Exponenten des Militärs und der Bürokratie gleichsetzen, während sie die Zweite mit Gewerbetreibenden aus der Provinz und Grundbesitzern verbanden. In Wirklichkeit fanden sich, wie der Historiker Ahmet Demirel zeigen konnte, in beiden Lagern – mit Ausnahme der Nichtmuslime – Vertreter aller Gesellschaftsschichten. Tatsächlich war die Fraktionsbildung also stärker von persönlichen Vorlieben und Interessen als von ideologischen Differenzen geprägt. Fest steht aber auch, dass in der Zweiten Gruppe dezidierte Anhänger von Sultanat und Kalifat überwogen. Hier versammelten sich alle diejenigen Abgeordneten, die Atatürk den Weg zur Diktatur verbauen wollten, persönlich Unzufriedene und sogar Radikale, die die aufgelöste «Gesellschaft für Einheit und Fortschritt» wiederbeleben wollten. Zwischen diesen beiden Gruppen stand noch eine 1923 von Atatürk als «Haufen reaktionärer Opportunisten» gegeißelte, überwiegend aus islamischen Gelehrten bestehende Schar von Abgeordneten. Als gemeinsamen Nenner aber kann man festhalten, dass niemand in dieser ersten *Meclis* die Wiedergewinnung der Souveränität innerhalb der Grenzen des «Nationalpakts» (siehe S. 25) in Frage stellen wollte.

Die Opposition zur Ersten Gruppe verwahrte sich auch gegen ein Wahlverfahren, bei dem nur Personen auf einer von der Regierung aufgestellten Liste wählbar waren.

Durch ein Gesetz vom 11. Juli 1920 wurden «Unabhängigkeitsgerichte» geschaffen, deren Zuständigkeit ursprünglich auf die

Verfolgung von Fahnenflüchtigen beschränkt war, dann jedoch zügig auf Straftaten wie Hochverrat, Spionage und andere Delikte Ausdehnung fand. Am selben Tag, an dem Atatürk angesichts der griechischen Invasion zum Oberkommandierenden mit fast unbegrenzten Vollmachten für drei Monate gewählt wurde, wurden ihm auch diese Sondergerichte unmittelbar unterstellt. Kurz danach erhielt er das Vorrecht, ausgeschiedene Meclis-Mitglieder selbst zu ersetzen. Die Opposition wehrte sich spätestens seit Anfang 1922 heftig gegen diese Maßnahmen. Am 14. Januar 1922 wies der Jurist Hüseyin Avni (Ulaş 1887–1948) in Geheimer Sitzung auf die 350 existierenden normalen Gerichte hin: «Auch die Revolution hat eine Rechtsordnung; auch der Ausnahmezustand hat ein Recht.» Die Mehrheitsvertreter antworteten mit dem Hinweis auf die nahe Front und die offene Pontos-Frage (siehe S. 23). Zahlreiche Verletzungen von Grundrechten wie etwa die Einschränkung der Publikationsfreiheit waren Vorzeichen des autoritären Regimes. Nur in Istanbul konnte sich die Opposition auf Presseorgane wie *Tan* oder *Tevhid-i Efkar* stützen. Atatürk sorgte jetzt dafür, dass die ihm kritisch gegenüberstehenden Abgeordneten bei der Wahl zur 2. *Meclis* im August 1923 nicht mehr aufgestellt wurden. An ihr nahmen nur noch 123 der 437 zu unterschiedlichen Zeitpunkten in der 1. TBMM vertretenen Abgeordneten teil; unter ihnen befand sich kein einziges Mitglied der Zweiten Gruppe mehr. Ein für alle oppositionellen Stimmen schmerzhafter, sich über fast drei Jahre hinziehender Prozess hatte seinen Abschluss gefunden: Die Macht, die sich zunächst von der TBMM auf die Regierung verlagert und der Opposition nur wenig Atemluft gelassen hatte, war endgültig auf den Staatschef übergegangen.

Die geschilderten Vorgänge in Ankara fanden vor der Kulisse der griechischen Invasion statt. Venizelos, der am 21. Juni 1919 erneut von den Alliierten «grünes Licht» erhalten hatte, seine expansive Politik fortzusetzen, gab der griechischen Armee den Befehl, die nach dem britischen Kommandanten Milnes genannte Trennungslinie zu überschreiten. Am 8. Juli 1920 fiel mit Bursa die Stadt, welche als Wiege der osmanischen Dynastie höchsten Symbolwert besaß. Ende Juli war auch ganz Ost-Thrakien in griechischer Hand. Der zeitliche Zusammenhang zwischen den Kämpfen gegen die Anhänger des Kalifats und dem griechischen Vormarsch hat in der kemalistischen Geschichtsschreibung zu der bitteren Auffassung geführt, dass die Griechen ihre Siege dem Sultan-Kalifen verdankten. Es ist unstrittig, dass für Istanbul die Bekämpfung der Gegenregierung höchste Priorität hatte. Bei aller persönlichen Schwäche war der Sultan aber nicht unbedingt bereit, wie man ihm vereinfachend vorgeworfen hat, die Souveränität des Landes dem Erhalt der Dynastie zu opfern. Die Ankara unterstellten anatolischen Kräfte bestanden aus regulären Armeeeinheiten und Volksmilizen (*Kuva-i Milliye*). Sie waren zunächst weniger mit der griechischen Invasionsarmee beschäftigt, die sich im Großraum İzmir verhältnismäßig bedeckt hielt , als mit den Aktionen der als Kalifatsarmee geläufigen «Ordnungskräfte» (*Kuva-i İnzibatiye*), einer am 18. April 1920 aufgestellten, auf 4000 Mann geschätzten Truppe, die allerdings schon zwei Monate später aufgelöst wurde. Dazu kam eine Anzahl lokaler Revolten, für die ganz verschiedene Sorten von Unruhestiftern verantwortlich gemacht wurden: lokale Begs, Stammesführer, Kurden und tscherkessische Warlords.

Der griechische Vorstoß erfolgte noch bevor der Friedensvertrag von Sèvres am 10. August 1920 von einer osmanischen Delegation unterzeichnet worden war. Sèvres bedeutete, wenn man von den nach der Oktoberrevolution weggefallenen russischen «Einflussgebieten» einmal absieht, im Großen und Ganzen die Fortsetzung der verschiedenen geheimen Abkommen über die Aufteilung der Türkei aus den Weltkriegsjahren. Dabei waren die Alliierten noch weit über die Pariser Vorortverträge mit Deutschland (Versailles), Deutsch-Österreich (St.-Germain-en-Laye), Bulgarien (Neuilly) und Ungarn (Trianon) hinausgegangen. Der Vertrag mit der Türkei diktierte einen weitgehend auf die Hochflächen des westlichen und mittleren Anatolien reduzierten Staat, dessen Hauptstadt, freilich auf Abruf, Istanbul bleiben sollte. Nach einer vorübergehenden Lokalautonomie sollten die Kurden über die Loslösung von der Türkei entscheiden. Die nach dem US-Präsidenten benannten, erst am 22. November 1922 publizierten Wilson-Grenzen sahen unter anderem die Abtretung von 42 000 km² osmanischen Territoriums an die mittlerweile (18. Mai 1918) gebildete Republik Armenien vor. Dass es zahlreiche Überschneidungen der kurdischen mit den armenischen Gebietsansprüchen gab, war unvermeidlich. England wollte sich vor allem für den von ihm kontrollierten Retortenstaat «Irak» das südliche Kurdistan sichern. Besonders demütigend für die Türkei waren die Bestimmungen über İzmir. Die inzwischen von griechischen Truppen besetzte Stadt sollte vorerst türkischer «Souveränität» unterstellt werden, wobei sich die Rechte der Türkei aber darauf beschränkten, *eine* Staatsflagge auf *einem* von den Alliierten noch zu bestimmenden, *außerhalb* der Stadt gelegenen Fort zu hissen. Auch wenn der Vertrag von Sèvres nie ratifiziert wurde, blieb er bis heute aus türkischer Sicht das Symbol spätosmanischer Willfährigkeit, armenisch-griechischer Maßlosigkeit und imperialistischer Dominanz.

Derartig bedrängt wandte sich Ankara an Moskau. Ein türkisch-sowjetischer Vertragsentwurf scheiterte im August des Jahres zunächst an der Forderung von Außenminister Čičerin, Teile der Provinzen Van und Bitlis an Armenien zu übergeben. Am Ende stand aber die Zusage, die Türkei mit 5 Millionen Goldrubel zu unterstützen. Der türkische Verhandlungsführer Yusuf Kemal (Tengirşek) reiste mit einer ersten Rate in Höhe von 1 Million Rubel im September aus Moskau ab. In Ankara fehlten allerdings nicht nur Geld und Waffen, das neue Regime litt zudem unter einem erheblichen Mangel an Kämpfern. Abhilfe sollte das schon erwähnte Gesetz über Unabhängigkeitsgerichte bringen.

Im Nordosten nahm Kâzım Karabekir mit seinem weitgehend intakt gebliebenen XV. Armeekorps den Kampf gegen eine Offensive der Armenischen Republik auf. Er besetzte Oltu, Sarıkamış, Kağızman und am 30. Oktober 1920 das wichtige Kars. Die Situation im Kaukasus war ziemlich verwirrend. So hatten in Paris die drei kurzlebigen Republiken Armenien, Georgien und Aserbaidschan Anspruch auf den Raum Oltu erhoben. Am 2. Dezember kam der (nicht ratifizierte) Friedensvertrag von Alexandropol zwischen Armenien und der Türkei zustande, deren gemeinsame Grenze im Moskauer «Freundschafts- und Brüderlichkeitsvertrag» vom 16. März 1921 dann verbindlich festgelegt wurde.

Nach einer langen Stillhalteperiode im Vorjahr spielten sich 1921 die wichtigsten militärischen Kampfhandlungen im Westen ab. Ein Vergleich der Truppenstärke beider Kriegsparteien zeigt, dass auf der türkischen Seite viel weniger Soldaten (91 527) standen als auf der griechischen (183 500). Zudem war sie schlechter mit Maschinengewehren (Verhältnis 1:4) und Feldgeschützen (1:2) ausgerüstet als der Gegner. Die Auseinandersetzungen wurden durch die Abwehrkämpfe bei İnönü unweit von Eskişehir im Januar und März eingeleitet. Nach der Niederlage der Griechen gratulierte Atatürk dem siegreichen «Kommandeur der Westfront und Chef des Generalstabs» İsmet Paşa, der ab 1935 den Nachnamen İnönü führen sollte. Im Sommer stießen die Griechen trotzdem über Afyon, Kütahya und Eskişehir in Richtung Ankara vor.

Atatürk ließ sich nach einem eigens verabschiedeten Gesetz zum Oberkommandierenden mit unbegrenzten Vollmachten für den Zeitraum von drei Monaten wählen, während Fevzi (Çakmak) Chef des Generalstabs wurde (eine Position, die er 23 Jahre innehaben sollte). Die bis 1922 tätigen «Unabhängigkeitsgerichte» wurden jetzt Atatürk unmittelbar unterstellt, ausgeschiedene Mitglieder durch ihn ersetzt. Alle Haushalte wurden zu Abgaben in Naturalien verpflichtet: ein Satz Wäsche, ein Paar Strümpfe und Fußbekleidung. Requiriert wurden alle strategischen Güter: Waffen, Munition, Treibstoff und Zugtiere. In der Schlacht am Sakarya, in der sich die Gegner auf nahezu 100 km gegenüberstanden, folgte der Lohn für die türkischen Anstrengungen: Nach 22-tägigen Kämpfen mit schweren Verlusten auf beiden Seiten (3700 türkische und 4000 griechische Tote) musste sich die Invasionsarmee bis Mitte September auf ihre Ausgangsstellungen in Eskişehir und Afyon zurückziehen.

Für Atatürk eröffnete sich nun nach innen und außen ein bedeutender politischer Spielraum. Nach einem Freundschaftsvertrag mit den Transkaukasischen Sowjetrepubliken (Kars-Vertrag vom 13.10.1921) wurde am 20. Oktober mit Paris eine

Vereinbarung über die Grenze zum französischen Mandatsgebiet Syrien geschlossen. Diese ließ zwar die *Sancak*-Frage offen, erlaubte aber Ankara, Truppen aus dem Südosten an die Westfront zu verlagern. Griechenland hatte trotz seines Rückzugs die Alliierten vergeblich ersucht, Istanbul besetzen zu dürfen. Sie konnten jedoch nicht verhindern, dass der griechische Hochkommissar für İzmir, Aristeidis Stergiadis, ankündigte, einen Staat «Ionien» auszurufen.

Nach langem Stillhalten an der 650 km-Front zwischen Gemlik am Marmarameer und Söke im Menderes-Tal erteilte İsmet Paşa am 18. August den Angriffsbefehl. Bei Dumlupınar schlugen die Türken unter Mustafa Kemals Oberbefehl am 30. August den entscheidenden Teil der Invasionsarmee; deren Führer Trikoupis und Dighenis wurden gefangengenommen. Jetzt drängte London auf einen Waffenstillstand, den Atatürk allenfalls für Thrakien akzeptieren wollte. Einen Tag nach Dumlupınar trafen erste türkische berittene Einheiten in İzmir ein. Ein britischer Vertreter beeilte sich, ihren Kommandanten Nureddin Paşa daran zu erinnern, dass der Kriegszustand mit England schon 1918 beendet worden sei. Auch wenn es zu Plünderungen und Übergriffen kam, verlief der Einmarsch doch verhältnismäßig diszipliniert. Allerdings fiel der Metropolit Chrisostomos schon am Tag der Besetzung einem Lynchmord zum Opfer. Am 13. September brach im armenischen Stadtteil ein Feuer aus, das sich rasch ausbreitete. Der inzwischen eingetroffene Atatürk sah sich gezwungen, in den Vorort Göztepe auszuweichen, wo der wohlhabende Vater seiner zukünftigen Gattin Latife ein Haus hatte. Größere Teile der griechischen Bevölkerung flüchteten auf Schiffe der alliierten Flotte, zahlreiche griechische Soldaten wurden gefangen genommen und in Arbeitsbataillone eingezogen.

Nachdem der letzte griechische Soldat Anatolien verlassen hatte, erwog Patriarch Meletios IV. eine Verlegung seines Amtssitzes nach Athen oder Saloniki. Der vorläufige Schlussstrich unter die Kriegshandlungen wurde am 11. Oktober in Mudanya, einer Kleinstadt am Rande des Marmara-Meers, gezogen. Dem türkischen Verhandlungsführer İsmet İnönü standen die Generäle der drei alliierten Mächte Großbritannien, Frankreich und Italien gegenüber. Da der griechische General Mazarakis seine Teilnahme verweigerte, setzte Sinopolis, der Vertreter Athens in Istanbul, seine Unterschrift unter das 13-Punkte-Abkommen. «Mudanya» bildete nicht nur den Schlusspunkt hinter einer fast ununterbrochenen Abfolge von Kriegen, die 1911 mit der italienischen Besetzung von Tripolis begonnen hatte, sondern kündigte auch das Ende des 3000 Jahre alten kleinasiatischen Hellenismus an. Nachdem Mustafa Kemal als *Gazi* («der Siegreiche») von İzmir nach Ankara zurückgekehrt war, berichtete er vor der Nationalversammlung rhetorisch ausladend über den Erfolg. Während er die Generäle Fevzi (Çakmak), İsmet (İnönü) und Kâzım (Özalp) lobend erwähnte, überging er in auffälligem Gegensatz dazu wichtige Beiträge Kâzım Karabekirs und schwieg auch über den Anteil von Refet (Bele) und Rauf (Orbay). Bis zu Atatürks Tod (1938) und darüber hinaus sollte sich diese Kluft zwischen dem Staatsgründer und den Paschas vertiefen, für die der Unabhängigkeitskrieg nicht Mittel, sondern Endziel gewesen war.

Lausanne wurde als Ort der in Mudanya angekündigten Friedenskonferenz bestimmt. Im November 1922 reiste eine 33-köpfige Delegation der Nationalisten unter dem eiligst zum Außenminister ernannten İsmet Paşa (İnönü) an den Genfer See. Rauf Bey (Orbay), der als damaliger Ministerpräsident Anspruch auf die Verhandlungsführung erhoben hatte, blieb verbittert zurück. Die TBMM hatte am 1. November den letzten von 36 osmanischen Sultanen mit einer Gegenstimme *rückwirkend* zum 16. März 1920 seines Amts enthoben, ihm aber den Kalifen-Titel gelassen. Noch vor Eröffnung der Konferenz ergriff Mehmed VI. Vahdeddin mit seinem Sohn Ertoğrul am 17. November an Bord des britischen Kriegsschiffes *Malaya* die Flucht. Für die Aberkennung der Kalifenwürde griffen die Nationalisten in Ankara in osmanischer Tradition zu einem Rechtsgutachten, das der Minister für Fromme Stiftungen und religionsrechtliche Angelegenheiten Mehmed Vehbi ausstellte. Die sechs Jahrhunderte lang geschichtswirksame Dynastie war damit noch nicht völlig erloschen, denn der bisherige Thronfolger Abdülmecid (1876–1944) wurde in Ankara zum Kalifen gewählt. Atatürk bestand aber darauf, dass Abdülmecid statt «Befehlshaber der Muslime» den Titel «Kalif der Muslime» zu führen habe. Mit seinem Vorschlag, den Kalifen in Ankara zu etablieren, konnte er sich indes nicht durchsetzen.

Die einmal für längere Zeit unterbrochenen, sich insgesamt über acht Monate hinziehenden Verhandlungen von Lausanne waren aus der Sicht Atatürks und İsmet İnönüs von Erfolg gekrönt. Das bestätigt ein Vergleich mit den Bestimmungen des nicht ratifizierten Vorortfriedens. In Sèvres hatten sich die Alliierten gleichsam einen Blankoscheck ausgestellt, der ihnen die Kontrolle über einen halbsouveränen Staat ermöglicht hatte. Das am 24. Juli 1923 unterzeichnete Vertragswerk von Lausanne erfüllte hingegen – mit Ausnahme der Rückgabe der britisch besetzten Provinz Mosul (siehe S. 49) – alle Forderungen, die Ankara als nicht verhandelbar festgelegt hatte. In dem Abschlussdokument war weder von Armenien (bzw. einer Rückkehr der vertriebenen Armenier) noch von Kurdistan oder İzmir die Rede. Die rechtlichen Privilegien («Kapitulationen») der Mächte waren aufgehoben. Eine diplomatische Meisterleistung stellte das Zugeständnis der Alliierten dar, 150 von Ankara frei bestimmbare politische Gegner von der allgemeinen Amnestie für Kriegsverbrechen auszuschließen. Dadurch konnten die Kemalisten eine beachtliche Zahl von «Verrätern» ohne weitere Begründung ins lebenslange Exil schicken. Als kompliziert und konfliktträchtig sollten sich die Lausanner Bestimmungen über die Minderheiten erweisen, die auf türkisches Drängen anders als in den europäischen Verträgen nicht ethnisch, sondern ausschließlich nach der Religionszugehörigkeit definiert wurden (siehe S. 17, 44).

3. Revolutionen und Reformen (1923–1928)

Nach der eiligst erfolgten Ratifizierung des Vertrags von Lausanne durch die Nationalversammlung am 23. August 1923 wurde Istanbul von den Besatzungstruppen geräumt. Bis zur Bestätigung durch die wichtigsten Vertragsteilnehmer und der damit verbundenen völkerrechtlichen Wirksamkeit verging fast ein weiteres Jahr. Atatürk gründete in den Tagen nach Lausanne seine «Volkspartei» (*Halk Fırkası*), wie er schon Ende des Vorjahres angekündigt hatte. Ihre Statuten öffneten sie «für jeden Türken und jede von außen kommende Person, welche die türkische Staatsangehörigkeit und Kultur angenommen hat». Atatürk wurde ihr Präsident, İsmet İnönü sein Stellvertreter und Recep (Peker) Generalsekretär. Am 10. November 1924 folgte die Erweiterung ihres Namens zu «Republikanische Volkspartei» (*Cumhuriyet Halk Fırkası*, CHF, ab 1935 *Cumhuriyet Halk Partisi*, CHP).

Nachdem am 10. Oktober wieder reguläre türkische Einheiten Istanbul betreten hatten, gab es eigentlich kein Hindernis mehr für die Rückverlegung der Regierungszentrale an den Bosporus, doch stand die Wahl Ankaras als Hauptstadt schon im September ebenso fest wie die Ausrufung der Republik, wie Atatürk in einem Interview mit dem Korrespondenten der Wiener *Neuen Freien Presse* am 22. September bekanntgegeben hatte. Nach einer kurzen Beratung der Volkspartei am Vormittag und einer noch kürzeren Sitzung gegen Abend wurde am 29. Oktober durch ein schlichtes «Abänderungsgesetz betreffend die Abänderung einiger Bestimmungen des Verfassungsgesetzes erläuterungshalber» die Republik proklamiert und erwartungsgemäß Atatürk zum ersten Präsidenten der neuen Türkei gewählt (seine Wiederwahl erfolgte 1927, 1931 und 1935). Es gibt in der Geschichte keine Beispiele für eine vergleichbar hastige und auf einem derart schwachen rechtlichen Fundament stehende Republikgründung. Selbst engste Kampfgefährten waren nicht eingeweiht, Rauf erfuhr das Ergebnis aus der Presse.

Ein vollständiges, im Großen und Ganzen bis 1961 gültiges Verfassungsgesetz kam erst am 20. April 1924. Der Artikel, in dem vom Islam als der «Religion des türkischen Staates» die Rede war, wurde mit einem einfachen Abänderungsgesetz vom 10. April 1928 ohne Aufhebens gestrichen.

Für das klassische Kalifat war in einer Republik, die sich als Gegensatz zur Monarchie verstand, kein Raum – allenfalls und rein theoretisch nach Vorbild des modernen Papsttums in einem «vatikanisierten» Areal. Nachdem man anstelle des «Ministeriums für Religiöses Recht und Stiftungen» zwei entsprechende Staatsverwaltungen geschaffen hatte, konnte man auf die verbleibenden, wenig klar beschriebenen Funktionen des Kalifen verzichten. Interessant ist, dass die Aufhebung des Kalifats am 3. März 1924 aus dem Geist der islamischen Staatslehre gerechtfertigt wurde, indem man die *Meclis* zu einer Art überpersönlichem Kalifat erklärte: «Weil das Kalifat an und für sich in dem Inhalt und in dem Begriff Regierung und Republik eingeschlossen ist, wird das Amt des Kalifats abgeschafft.» Der letzte Schritt wurde mit der Ausweisung Abdülmecids vollzogen. Im Freitagsgebet ersetzt bis heute die Fürbitte für das Wohlergehen der Republik die Formel für den Kalifen. Die in den Anfangsjahren bestehenden Skrupel der Frommen, ob ihr Gebet weiterhin Gültigkeit behalte, verflüchtigten sich allmählich. Vor der Tür aber standen für den Alltag des Einzelnen und das Leben der ganzen Nation viel einschneidendere Maßnahmen.

Am 1. November 1924 begann die zweite Legislaturperiode der TBMM. Die prominenten Gegner Atatürks sahen nun den Zeitpunkt zur Gründung einer Oppositionspartei gekommen, die sie unter dem Namen «Freiheitsliebende Republikanische Partei»(*Terakkiperver Cumhuriyet Fırkası,* TCF) beim Innenministerium anmeldeten. Ihre Führung bestand größtenteils aus den zu Gegnern Atatürks gewordenen ehemaligen Kommandanten des Unabhängigkeitskriegs (Kâzım Karabekir, Rauf Orbay und Ali Fuad Cebesoy). Die neue, von etwa 30 Abgeordneten unterstützte Partei gab sich ein liberaldemokratisches Profil. In ihrem programmähnlichen Manifest nahmen Wirtschaftsfragen fast die Hälfte des Textes ein. Zudem versprach sie, «religiöse Glaubenshaltungen und Überzeugungen zu respektieren».

Weniger als drei Friedensjahre waren seit Mudanya vergangen, als mit der sogenannten Scheich Said-Rebellion im Februar 1925 der erste für die junge Republik bedrohliche innere Konflikt ausbrach. Die vom Raum Piran/Dicle (in der Provinz Diyarbakır) ausgehende Kurdenerhebung wird bis heute abwechselnd als «nationalistisch» oder «religiös» charakterisiert. Diese Unterscheidung ist nicht hilfreich, weil beide Motive – wie im von religiöser Rhetorik begleiteten türkischen Unabhängigkeitskrieg – schwer trennbar miteinander verflochten waren. Jedenfalls war die solide türkisch-kurdische Allianz der ersten Jahre, in denen Sätze fielen wie «Nur Türken und Kurden haben das Recht, in der Nationalversammlung zu sprechen», unwiderruflich zerbrochen. Nach 1927 wurde das Wort «Kurde» fast nicht mehr ausgesprochen, sondern nur noch in geheimen Dokumenten benutzt. Ansonsten ersetzte man es in der TBMM durch herabsetzende Termini wie «Aufständische» oder «Banditen». İnönü warnte in einem Zeitungsartikel vom 31. August 1930: «In diesem Land verfügt nur die türkische Nation über das Recht, völkische Ansprüche zu erheben. Ansonsten hat niemand ein derartiges Recht.» Sein Justizminister Bozkurt wurde wenig später noch deutlicher: «Wer nicht von rein türkischer Abstammung ist, hat in diesem Land nur ein Recht: Diener zu sein, Sklave zu sein. Freund und Feind, ja selbst die [kurdischen] Berge sollen von dieser Wahrheit wissen.»

Die unter İnönü gebildete neue Regierung erließ am 4. März 1925 das einschneidende «Gesetz zur Wiederherstellung der Ordnung» (*Takrir-i sükun kanunu*) und verwandelte damit, nach zweimaliger Verlängerung bis 1929, die bis dahin halbwegs freiheitliche Republik in ein diktatorisches Staatswesen. Der kurdische Aufstand diente als willkommener Vorwand, um die erst vor einem halben Jahr gegründete TCF zu verbieten. Zudem ermöglichte das Gesetz die landesweite Unterdrückung von Zeitungen und Zeitschriften von links bis rechts. Ebenso willkürlich wurden Istanbuler Journalisten, denen man vorwarf, den

Aufstand angezettelt zu haben, verhaftet und verurteilt. Unter den verfolgten Kommunisten befand sich auch der Autor Nazım Hikmet (1902–1965).

Nachdem das Unabhängigkeitsgericht in Diyarbakır Scheich Said und 47 seiner Anhänger wegen «Ausbeutung und Unterdrückung der Armen durch Scheichs und feudale Landeigner» zum Tode verurteilt hatte, wurden bis zu 20 000 Kurden in westliche Landesteile deportiert. Den Osten vertraten im kommenden Vierteljahrhundert in der TBMM nicht mehr Politiker aus der Region, sondern Bürokraten und Militärs aus anderen Landesteilen. In diesem Zusammenhang wurde auch der seit dem Sturz von Abdülhamid II. politisch aktive kurdische Nakşbendi Said Nursi (um 1876–1960) inhaftiert und für Jahrzehnte an westanatolischen Verbannungsorten überwacht. Die von ihm gegründete «Heilige islamische Gemeinschaft» (*Mukaddes Cemaat-i İslamiye*) war ein Netzwerk von «Schülern» (*talib*), deren spirituelle Nahrung ein aus etwa hundert Postillen bestehendes «Sendschreiben von der Erleuchtung» (*Risale-i Nur*) darstellte. Es konnte unter den repressiven Bedingungen der Zeit nur handschriftlich und im Untergrund verbreitet werden. Diese von der Scheria geleitete *Cemaat* bildete später die Basis für die Bewegung des Fethullah Gülen (siehe S. 112).

Im Juni 1926 wurde in İzmir ein Attentatsversuch auf Atatürk aufgedeckt. In einem ersten Prozess standen fast alle wichtigen Paschas der Unabhängigkeitskriege vor dem Richter, von denen einige von den Plänen gehört haben mochten, ohne sie ernst zu nehmen. Insgesamt 15 Personen, unter ihnen ein General, endeten in İzmir am Galgen. In einem zweiten Verfahren in Ankara wurden drei hohe Mitglieder der «Gesellschaft für Einheit und Fortschritt», unter ihnen der ehemalige Finanzminister der Jungtürken, Cavid Bey, zum Tode verurteilt. Nach der Ausschaltung bzw. Einschüchterung der verbleibenden Opposition war der Weg frei für eine Serie beispielloser Umwälzungen auf rechtlichem, sozialem und kulturellem Gebiet. Die Reformen hatten jedoch durchaus Vorbilder. Manche bildeten seit Jahrzehnten den Diskussionsstoff muslimischer und christlicher Intellektueller in den osmanischen Ländern, etwa in Ägypten (Gleichstellung der Frau) oder bei den Russlandtürken (Latinisierung des Alphabets). Erst im Rückblick zeigt sich, dass die kemalistischen Neuerungen – mit Ausnahme des religiösen Bereichs – Gesetzesnormen erst durch massiven politischen Einsatz zu unumkehrbaren Fakten machten.

Eine außerordentlich folgenreiche Entscheidung, nach manchen die wichtigste der Kemalisten überhaupt, war das gleichzeitig mit der Abschaffung des Kalifats verabschiedete Gesetz mit dem unverfänglichen Namen «Über die Vereinheitlichung des Unterrichts». Mit diesem sollte das islamische Schulwesen schlagartig ausgetrocknet werden. Allerorten mussten staatliche Lehranstalten die Medresen ersetzen, an denen der Schwerpunkt auf dem Arabischen und den islamischen Traditions- und Rechtswissenschaften lag und zu denen Mädchen keinen Zugang hatten. Nur zwei Nischen wurden der religiösen Unterweisung eingeräumt: Zur Ausbildung von Vorbetern (*imame*) und Predigern (*hatibs*) sollten eigene Schulen dienen, von denen noch im selben Jahr 29 eröffnet wurden. Höhere islamische Studien sollten an einer Fakultät der Istanbuler Universität betrieben werden. Die Kontrolle dieser Einrichtungen oblag dem «Präsidium für Religionsangelegenheiten», das dem Ministerpräsidium unmittelbar unterstellt war. Das kemalistische Staatskirchentum hatte mit dem (heute sogenannten) *Diyanet İşleri Başkanlığı* eine erste Struktur erhalten.

Der Scheich Said-Aufstand bot auch den Vorwand für das Gesetz vom 30. November 1925 «Über das Verbot und die Schließung der Bruderschaften, der Derwischkonvente und Mausoleen, über das Verbot des Berufs des Mausoleen-Wächters und der Führung und Verleihung einiger Titel». Damit wurde deutlich, dass nicht nur der islamischen Orthodoxie (den Ulema und ihren Medresen), sondern zudem dem organisierten Mystikertum mit dem Volksislam der Boden entzogen werden sollte. Die Verfolgung der Bruderschaften endete keineswegs im kurdischen Aufstandsgebiet, vielmehr zielte sie auch auf prominente Scheichs im Westen. In den 1930er Jahren wurden darüber hinaus die bis dahin unter staatlicher Aufsicht stehenden Formen des Religionsunterrichts eingestellt.

Schon das spektakuläre Gesetz über das Tragen westlicher Kopfbedeckungen vom 25. November 1925 (gemeint war der Herrenhut mit Krempe) richtete sich gegen die Männer der Religion. Die Gefühle der Ulema und Derwischscheichs, denen man verbot, das Haupt in der Öffentlichkeit mit einem Turban zu umwinden, wurden schwerstens beleidigt, 20 oder 30 Hutgegner erwartete die Hinrichtung. Dass damit der «interkonfessionelle Fes» (den auch Christen und Juden trugen) mit von der Bildfläche verschwand, war eine erwünschte Nebenwirkung. Entgegen den ängstlichen Erwartungen vieler Zeitgenossen verzichtete das Revolutionsregime darauf, in die weibliche Kleiderordnung, insbesondere den Gesichts- (*peçe*) und Vollschleier (*çarşaf*), einzugreifen. Einzelne Lokalverwaltungen wie Giresun 1927 oder Trabzon 1928 setzten erfolglos Fristen für das Ablegen der schwarzen Bedeckungen. Ebenso wirkungslos blieben zunächst außerhalb der Großstädte demonstrative Spaziergänge progressiver Frauen, die ohne die traditionelle Kleidung Vorbild für ihre konservativen Schwestern sein wollten (Tirebolu 1926). Auch in den folgenden Jahren wurde kein Gesetzesentwurf, der Frauenbekleidung verwestlichen sollte, eingebracht, obwohl es auf dem CHP-Kongress von 1935 einen solchen Vorstoß gab.

Die Osmanische Türkei hatte bereits mehrere Rechtsgebiete durch die Übernahme europäischer Gesetzbücher geordnet, ohne die Scheria formell anzutasten. Die Kemalisten entschlossen sich jedoch schon am 17. Februar 1926, das 1912 in Kraft getretene und 1925 auf Anordnung von Justizminister Mahmud Esad Bozkurt übersetzte Schweizer Zivilgesetzbuch (ZGB) so gut wie vollständig zu übernehmen. Dadurch wurde die Stellung der Frau dramatisch verbessert, auch wenn die Motivation der Übernahme des ZGB eine andere war: Auf diese Weise konnte man ein für Muslime und Nichtmuslime einheitliches Rechtswesen schaffen, obwohl sich die Türkei in Artikel 42 des Vertrags von Lausanne eigentlich verpflichtet hatte, das Familien- und Personenstandsrecht der Minderheiten entsprechend «den Gebräuchen» der betreffenden Gruppen zu regeln. Jetzt war die Eheschließung vor dem Standesbeamten für alle Staatsbürger verpflichtend. Auch wenn es dem Ehemann bei der Wahl des Wohnsitzes und anderen Entscheidungen ein stärkeres Gewicht gab und familiäre Realitäten davon zunächst nicht berührt wurden, hat es auf lange Sicht kulturprägend gewirkt. Der Republikgründer hatte sich freilich noch im Vorjahr nach 1000-tägiger Ehe in der herkömmlichen islamischen Weise, das heißt durch Verstoßung, von seiner Frau Latife getrennt. Weitere Bereiche, die aufgrund der vollständigen Übernahme europäischer Gesetzbücher geregelt wurden, waren das Strafrecht (nach dem italienischen Gesetzbuch von 1889 mit zahlreichen Abweichungen und späteren Novellierungen), das Handels-, Vollstreckungs- und Prozessrecht. Bei all diesen Maßnahmen war nicht Atatürk die treibende Kraft, sondern sein Minister. Alle erwähnten Revolutionsgesetze wurden in dem engen Zeitraum zwischen 1924 und 1926 erlassen, aber noch standen ebenso beispiellose Eingriffe in die Sprache des Alltags und der Religion bevor (siehe S. 52, 67).

Die in den Verfassungen seit 1961 als «unveränderliche Revolutionsgesetze» zusammengefassten Vorschriften sind ein Bündel von Maßnahmen, die nicht nur unterschiedlich motiviert waren und ganz verschiedene, zum Teil unvorhergesehene Auswirkungen hatten. Ihre Durchsetzung in der TBMM konnte erst nach der schon angesprochenen rigorosen «Bereinigung» (*tasfiye*) von Reformgegnern der 2. Versammlung vollzogen werden. Es steht aber auch fest, dass für Mustafa Kemals Neuanfang der religiöse «Hintergrund» (Familie, Schule, Beruf) der Abgeordneten keine ausschlaggebende Rolle spielte. Abgeordnete, die eine islamische Schule absolviert hatten, waren in der reformfreudigen Ersten Gruppe sogar wesentlich stärker vertreten (42) als in der insgesamt konservativeren «Zweiten Gruppe» (9).

Atatürk nutzte den Kongress seiner Partei im Herbst 1927, um in einer sechstägigen Ansprache (*Nutuk*) seine Version des Unabhängigkeitskriegs vorzutragen und für die türkische und internationale Öffentlichkeit, nicht zuletzt für die Nachwelt, zu verfestigen. Dabei rückte der Redner seine Rolle ins volle Rampenlicht. Etwa zwei Drittel seiner Zeit verwandte er auf eine Abrechnung mit führenden und durchaus verdienstvollen Kommandeuren des Unabhängigkeitskrieges. Der umfangreiche Text sollte in den folgenden Jahrzehnten die Grundlage der offiziellen Revolutionsgeschichte werden, obwohl er zu den bis 1927 vollzogenen kulturellen und sozialen Maßnahmen fast nichts sagt. Atatürk verlor an dieser Stelle auch kein Wort über seine Religionspolitik, schon weil er den Islam wie viele spätosmanische Agnostiker für die «Wissenschaft der Massen» hielt, während er selbst von der «Wissenschaft als der Religion der Elite» überzeugt war (Şükrü Hanioğlu).

Das Reformprogramm ging trotz desolater wirtschaftlicher Verhältnisse über die Bühne. Dabei hatten die Massakrierung, Vertreibung und Umsiedlung der armenischen und griechischen Bevölkerung aus Anatolien und Thrakien fatale Konsequenzen. Falih Rıfkı Atay, ein enger Gefährte Atatürks, illustrierte die Situation mit den Worten: «Überall verrotteten die Weinberge und verwilderten die Ölbaumhaine, der Fischfang kam zum Erliegen und die Basare blieben geschlossen.» Große Wohnviertel und ganze Städte lagen in Ruinen. Das Budget des neuen Staates, dessen Haupteinnahme der Naturalzehnte (*aşar*) war, betrug 12 Millionen britische Pfund Sterling, so viel wie das Grundkapital einer mittelgroßen Aktiengesellschaft.

Anfang 1923 war in İzmir auf Anregung des jungen Wirtschaftsministers (und bereits als Justizminister behandelten) Mahmud Esad Bozkurt ein «Wirtschaftskongress» zusammengetreten, an dem etwa 1100 Menschen, darunter zahlreiche Frauen, teilnahmen. Die Vertreter der Landbesitzer und Kaufleute waren die wichtigste Gruppe, während es sich bei den Sprechern der «Industrie» und der «Arbeiter» eher um ausgewählte Offizielle, Bürokraten und Abgeordnete handelte, die bestenfalls ein Dutzend Produktionsstätten im modernen Verständnis repräsentierten. Bedeutsam war, dass muslimische Geschäftsleute aus Istanbul und İzmir, die während des Unabhängigkeitskrieges isoliert waren, nun auf Tuchfühlung mit den Vertretern des Regimes von Ankara kamen. Die wichtigste Empfehlung des Kongresses bildete die Abschaffung des Zehnten, der tatsächlich zwei Jahre später durch eine Umsatzsteuer ersetzt wurde. Der Anteil der

Bauern an der Aufbringung der direkten Steuern wurde dadurch von etwa 40% auf 11% gesenkt.

Die Grundsätze von İzmir enthielten eine klare Arbeitsteilung zwischen den Aufgaben des neuen Staates und des privaten Sektors. Ersterer sollte die Infrastruktur bereitstellen (Eisenbahnen, Landstraßen, Häfen, Nachrichtenverbindungen) und das Schulwesen organisieren sowie die Initiative bei der Gründung von Handels- und Industriebanken übernehmen, jedoch bestimmte Anteile später privatisieren. Als Aufgabe der Privatwirtschaft galt vorrangig die eigenständige Versorgung von elementaren Bedürfnissen: Brotgetreide, Zucker und Kleidung. Man sprach von den unentbehrlichen «Drei Weißen» Mehl, Zucker, Tuch (*üç beyazlar: un, şeker, bez*). Die Abschnitte über die Landwirtschaft zeigen klar, an welchen Stellen Fortschritte erwartet wurden, und weisen schon auf die großen Kampagnen der 1930er Jahre hin (siehe S. 66). Die Bauern forderten einen besseren Zugang zu den Ausfuhrhäfen, die Aufhebung des Tabak-Monopols, das bis 1926 unter französischer Verwaltung stand, und die Zollbefreiung von für die Agrarwirtschaft wichtigen Importgütern. Man empfahl, die Dorfschulen mit einer Art Musterland- und Gartenbetrieb zu umgeben, der von den Schülern bestellt werden sollte. Die Lehrer, denen man ein zweiräumiges Wohnhaus mit Kuh- und Hühnerstall zuweisen wollte, sollten selbstgenügsam für Aufwendungen und Erträge dieses Betriebs verantwortlich sein. Prinzipiell sprachen sich die Teilnehmer von İzmir nicht gegen die Beteiligung ausländischen Kapitals aus, und auch der Kongress insgesamt befürwortete eher einen moderaten Protektionismus als ein etatistisches Entwicklungsmodell.

Wenig später verkündete die Volkspartei in Ankara «Zehn Prinzipien», unter denen sich zahlreiche strukturelle Vorhaben befanden. Auch hier wurde die Abschaffung des Zehnten und zum Ausgleich eine stärkere steuerliche Belastung der städtischen Bevölkerung propagiert. Aus heutiger Sicht ist auffällig, dass weder in İzmir noch in Ankara von einer Absenkung des Entwicklungsgefälles von West nach Ost die Rede war. Obwohl der Kongress eine mehr symbolische als praktische Bedeutung hatte, bildete er eine wichtige Station dieser Epoche. Unter den

Infrastrukturmaßnahmen hatte die Eisenbahn als Verkehrsträger nicht nur in Absichtserklärungen, sondern auch in der Realität höchste Priorität. Der Staat begann zügig, Strecken, die im Besitz ausländischer Gesellschaften waren, anzukaufen. So wurden 1924 die Hafenanlagen von Istanbul-Haydarpaşa und wichtige anatolische Bahnlinien wie die Strecke von Istanbul nach Ankara nationalisiert; 1928 folgte die Mersin-Tarsus-Adana-Bahn. Es lässt sich nicht immer deutlich sagen, ob die Eisenbahnpolitik dieser Jahre mehr von strategischen als von entwicklungspolitischen Zielen bestimmt war. İsmet İnönü nannte jedenfalls in einer Rede die «Eisenbahnen eine wichtigere Sicherungswaffe als Gewehr und Kanonen» und betonte in seinen Memoiren, dass die Dersim-Frage (siehe S. 57) am Ende mit Hilfe der Eisenbahn gelöst worden sei.

Auch die Eröffnung der ersten rein türkischen Geschäftsbank folgte den Empfehlungen von İzmir. Die *Türkiye İş Bankası* sollte als erste türkische Bank nach der Gründung der Republik mit Privatkapital ausgestattet werden und ausschließlich türkisches Personal beschäftigen. Bewusst wurde der zweite Jahrestag (26. August 1924) nach der Offensive gegen Griechenland (siehe S. 36) als Gründungsdatum gewählt, um die angestrebte wirtschaftliche Unabhängigkeit sinnfällig mit den militärischen Siegen zu verknüpfen. Celal Bayar (1883–1986), Atatürks neuer Wirtschaftsminister, wurde der erste Generaldirektor der *İş Bankası*; er behielt das Amt bis 1932 (siehe S. 59). Atatürk investierte im Namen der Volkspartei 28 % des Grundkapitals, einen Betrag von 110 000 oder 125 000 Pfund Sterling, den die Muslime von Britisch-Indien (*All-India Muslim League*) zur Befreiung von İzmir bzw. zum Wiederaufbau Anatoliens gespendet hatten. Einflussreiche Politiker wurden hingegen ohne nennenswerte Einlagen zu «Teilhabern». Trotz ihrer privatrechtlichen Konstruktion hatte die Bank das Image eines Staatsunternehmens. Abgeordnete und Militärs nutzten ihren Einfluss, um schnelle Profite zu machen, so dass ihr französischer Beiname *Banque d'Affaires* sehr bald zu «Bank der üblen Geschäftemacher» (*affairistes*) umgedeutet wurde. Ein «Gesetz zur Förderung der Industrie» sollte ab 1927 gewisse fiskalische Erleichterungen für moderne Betriebe ermöglichen, verpuffte aber schon wenige Jahre später, als die Einfuhrsteuern nach Wegfall bestimmter in Lausanne verordneter Einschränkungen wieder drastisch stiegen.

Bei aller Genugtuung über das Erzielte blieben noch wichtige Aufgaben für die türkische Außenpolitik. Die Staatsziele Kontrolle der Meerengen und Wiedergewinnung der Provinz Mosul und des *Sancaks* waren zunächst nicht aufgegeben worden. Aber schon mit dem britisch-türkisch-irakischen Mosul-Vertrag vom 5. Juni 1925 kam es zur Festlegung der «endgültigen und unverletzlichen» Grenze zum Irak. Der Irak erklärte sich im Gegenzug bereit, der Türkei 25 Jahre lang den Gegenwert von 10% der Ölförderung in Kirkuk zu überweisen, einen Betrag, der bis 1985 ein Erinnerungsposten in der türkischen Haushaltsschätzung blieb. Der *Sancak* (siehe S. 20) fiel dann angesichts der sich eintrübenden politischen Wetterlage nach 1938 der Türkei fast in den Schoß. Deutschland, das nach dem verlorenen Weltkrieg alle Beziehungen zur Türkei abbrechen musste, konnte erst 1924 wieder diplomatische Beziehungen aufnehmen. Botschafter Nadolny erklärte, er komme «von einem neuen Deutschland zu einer neuen Türkei». Trotzdem galt ihm der diplomatische Akt nur als Wiederaufnahme einer alten Freundschaft, die geblieben sei wie früher.

4. Von der Überzeugung zum Zwang (1928–1938)

Der Kult um Mustafa Kemal erreichte mit der seit 1926 begonnenen Errichtung von Denkmälern einen allerorten sichtbaren Höhepunkt. Es entstanden 39 Atatürk-Statuen, von denen ihn die meisten in Uniform zeigen, die er entgegen einer weit verbreiteten Ansicht nach dem Unabhängigkeitskrieg nicht endgültig abgelegt hatte. Nach 1930 ließ das kemalistische Regime keine

Konkurrenz zur Volkspartei mehr zu. Einer von Atatürk angeregten «Oppositionspartei» unter der Leitung seines alten Gefährten Fethi Okyar war nur ein kurzes Leben beschieden. Diese sogenannte «Freie Republikanische Partei» (*Serbest Cumhuriyet Fırkası,* SCF) löste sich bereits nach drei Monaten wieder auf, weil ihre Anziehungskraft vor allem im agrarisch bessergestellten Westen größer war, als man vorausgesehen hatte, und das Experiment einer kontrollierten Meinungsäußerung aus dem Ruder zu laufen drohte. Ansonsten beschränkte sich Opposition seit 1926 im Parlament auf die Stimmenthaltung. Die kurdische «Ararat-Rebellion» im Nordosten konnte erst nach dem Einsatz von 60 000 Mann und nahezu 100 Militärflugzeugen im September 1930 endgültig niedergeschlagen werden, ein Ergebnis, das die Rebellen ebenso schwächte, wie es den türkischen Nationalismus stärkte. Ein lokal begrenzter Vorfall in der Kleinstadt Menemen bei İzmir, bei dem fanatisierte Nakşbendi-Derwische den jungen Reserveoffizier Kubilay lynchten (23. Dezember 1930), wurde von der Regierung genutzt, um den Druck auf alle Bruderschaften zu verstärken. Kubilay wurde zum republikanischen Märtyrer *par excellence*, während die Bruderschaften, insbesondere die Nakşbendiye, im Untergrund fortlebten.

Beim Kongress der CHF im Mai 1931 wurden sechs «Grundeigenschaften» der Partei in das Programm aufgenommen, die bis in die 1990er Jahre als die «Sechs Pfeile» die doktrinäre Grundlage der Volkspartei und ihrer Nachfolgerinnen bleiben sollten. Im Einzelnen waren es: 1) Republikanismus, 2) Nationalismus, 3) Laizismus, 4) Populismus, 5) Etatismus und 6) Reformismus (wobei der letzte Begriff *inkılâpçılık* wörtlich «Revolutionismus» bedeutet). Gleichzeitig propagierte die Partei eine Gesellschaft, die auf der Zusammenarbeit der sozio-ökonomischen Gruppen (Kleinbauern, Gewerbetreibende, Arbeiter und Angestellte, Freiberufler, Industrielle, Großgrundbesitzer, Kaufleute) beruhte. Der Korporatismus als eine auch im Westen der Epoche viel diskutierte Gemeinschaftsideologie empfahl sich zudem als Heilmittel gegen klassengesellschaftliche Vorstellungen.

1932 benutzte Mahmud Esad Bozkurt zum ersten Mal den Begriff *Kemalizm* im Sinn einer Bündelung all dieser Merkmale.

Er erklärte Atatürk zum bedeutendsten Revolutionär der Weltgeschichte und maß seiner Ideologie universelle Gültigkeit bei. Die Republik betrieb jetzt auch im Ausland ihre Selbstdarstellung unter diesem Leitwort. So erschien zwischen 1934 und 1948 ein vom Presseamt herausgegebenes Magazin unter dem Titel *La Turquie Kemaliste.* (1953 sollte die Volkspartei das doktrinäre *Kemalizm* durch *Atatürk Yolu*, «Atatürks Weg», ersetzen). Die revolutionäre Programmatik wurde nun Pflichtstoff an den Schulen. An der Universität in Istanbul hielten ab 1934 zunächst Yusuf Hikmet Bayur, später Recep Peker Vorlesungen in «Revolutionsgeschichte». Staat, Bürokratie und Partei wurden personell und institutionell immer enger verflochten. Generalsekretär Peker verkündete beim 4. Kongress der Republikanischen Volkspartei (9. Mai 1935), dass die Türkische Republik der erste «Partei-Staat» der Welt sei – ohne das Portugal Salazars, das Spanien Francos oder das Griechenland von Metaxas zu erwähnen, von der Sowjetunion und Hitler-Deutschland ganz zu schweigen. In Zukunft werde sich kein Einzelner und keine Gruppe auf sozialem, politischem und kulturellem Gebiet abweichend verhalten. Das von Autoren wie Mete Tunçay gewählte Eigenschaftswort «jakobinisch» für diese Phase der Republik trifft zu, wenn man darunter versteht, dass ihre Führer keine Notwendigkeit sahen, mit der Bevölkerung in Austausch zu treten, weil sie glaubten, deren Bedürfnisse besser zu kennen als diese selbst.

Das Monopol der Partei in der Politik bedeutete jedoch nicht, dass sie dadurch erstarkte. Als Peker am 15. Juni 1936 als Generalsekretär abgelöst wurde, war die Fusion der Partei mit Staat und Regierung *de facto* vollzogen. Am 5. Februar 1937 wurden die «Sechs Pfeile» Verfassungsgrundsatz, ab August 1938 wurde die Parteifahne an allen Amtsgebäuden aufgezogen. Das Ergebnis war aber nicht die von Peker und seinen Gesinnungsfreunden angestrebte Parteidiktatur, sondern ein politisches System, bei dem die Partei Teil des staatlichen Apparats wurde. Samet Ağaoğlu, der Verfasser eines «Politischen Tagebuchs» über die Gründung der Demokratischen Partei (siehe S. 80) fasste sein Bild von der Volkspartei dieser Jahre zusammen: «Die Organisation der Republikanischen Volkspartei bestand mehr oder weniger seit ihrer Gründung aus einer seelenlosen Schablone. Alle politischen Aktivitäten konzentrierten sich auf die *Meclis*-Gruppe und das Präsidium der Partei, welches ausschließlich aus Deputierten bestand. In der Partei herrschte auf diese Weise ein hermetisches Leben wie innerhalb der Disziplin einer religiösen Denomination. Die Befehlskette ging von oben nach unten, Petitionen und Wünsche stiegen in der entsprechenden Reihenfolge nach oben. Innerhalb dieser Hierarchie war der Stand des Generalsekretärs nicht viel einflussreicher als der eines höheren Sekretärs.»

In den späten 1920er Jahren hatte der Reformismus seinen Elan noch nicht verloren. Der gesetzliche Auftrag der Latinisierung des Schriftwesens von 1928 wurde zügig erfüllt. Ab 1929 mussten die staatlichen Behörden die «türkischen Buchstaben» verwenden. Banken und Unternehmen wurden bald danach gezwungen, sich auf die neue Schrift einzustellen. Zur raschen Alphabetisierung der Massen eröffnete das Bildungsministerium «Nationalschulen» (*Millet Mektepleri*), die prinzipiell von allen Staatsbürgern besucht werden mussten, welche die Lateinschrift nicht beherrschten. Für Analphabeten war ein viermonatiger Kurs vorgesehen; wer die arabische Schrift konnte, musste nur zwei Monate auf der Schulbank sitzen. Die Kurse, die zumeist unter der Leitung von Lehrern der Sekundarschulen, insbesondere der Fächer Französisch und Deutsch, und von höheren Beamten standen, richteten sich an einzelne Gruppen wie Frauen, Gewerbetreibende, Polizisten, aber auch an Strafgefangene. Als 1935 Bilanz gezogen wurde, hatten 1 086 259 Teilnehmer der Grundkurse und 67 896 der Zweimonatskurse ein Abschlusszeugnis erhalten, bei einer Erfolgsquote von 46,4 % . Auch wenn die Reform ein bewusstes «Verbrennen der Schiffe» war, um die Verbindung zu Buchstaben und zur Religion zu lösen (Mete Tunçay), hat sie sich zwar als dauerhaft erwiesen, aber die Verbreitung religiösen Schrifttums in den vergangenen Jahrzehnten eher befördert als behindert.

Nach der Umstellung der Schrift machte sich Atatürk an eine ebenso beispiellose Sprachreform. Er ordnete an, dass die türkische Nation, die es verstanden habe, ihre Unabhängigkeit zu bewahren, jetzt auch ihre Sprache «vom Joch der fremden Sprachen» befreien müsse. 1932 wurde unter engagierter Beteiligung des Staatsgründers die «Gesellschaft für türkische Sprache» ins Leben gerufen, deren Aufgabe darin bestand, «die Schönheit und den Reichtum des Türkischen herauszustellen und es auf ein Niveau zu heben, das ihm einen würdigen Platz unter den Weltsprachen einzunehmen erlaubt». Die «Authentifizierung» (*özleştirme*) sagte dem erdrückenden arabischen und persischen Anteil im türkischen Lexikon den Kampf an und propagierte die Suche nach Substituten, sei es aus älteren türkischen Sprachschichten, sei es aus dem Fundus der lebenden Dialekte Anatoliens. Trotz einer Unzahl philologisch zweifelhafter, ja grotesker Ersetzungen erwies sich die Sprachreform, nachdem sie in ruhigeres Fahrwasser gekommen war, nicht, wie der britische Turkologe Geoffrey Lewis meinte, als «catastrophic success». Man kann sie, bei allen linguistischen Schwächen, als Nachzüglerin der nationalromantischen Sprachpflege in Ländern wie Deutschland oder Ungarn betrachten. Nach der Annahme eines Familiennamengesetzes (21. Juni 1934) musste jeder Türke bis zum 2. Juli 1936 einen Nachnamen nach europäischem Vorbild wählen. In Mustafa Kamâls (so!) Personalausweis stand jetzt Atatürk («Vater der Türken», «Türkenvater») als Familienname. Die Wahl von Nachnamen mit nichttürkischen Elementen wie armenisch *-yan*, slawisch *-viç* oder griechisch *-pulos* war verboten. Auf der anderen Seite konnte sich ein Israel Kohen umstandslos in İsmail Kan umbenennen.

Atatürk war bemüht, sowohl die Archäologie als auch die Anfang des 20. Jahrhunderts an vielen westlichen Hochschulen betriebene physische Anthropologie in den Dienst seiner Geschichtsthese zu stellen, die von einer Auswanderung der Türken aus Zentralasien in prähistorischer Zeit ausging. Danach zählten die modernen Anatolier als «Kurzköpfige» zu den europäischen «Alpinen», die angeblich keine wesentlichen Unterschiede zu den türkischen Rassegenossen aufwiesen. Atatürks Ziehtochter Afet İnan (1908–1985), die in Genf einen Doktorgrad in Anthropologie erworben hatte, leitete aus der angeblichen Existenz von tausendjährigen türkischen Skeletten im Boden Anatoliens das Eigentumsrecht der gegenwärtigen türkischen Nation ab.

Turbulent waren die Verhältnisse im Hochschulbereich. Die Aufnahme der deutschen akademischen Emigranten ermöglichte es, dass am 31. Juli 1933 die alte Istanbuler Universität (*Dârülfünûn*) *de jure* für einen Tag geschlossen wurde und fast 100 Professoren entlassen wurden. Der Minister Reşit Galip begründete die Maßnahme damit, dass «angesichts der politischen und sozialen Umwälzungen die Universität in einer passiven Haltung verharrt habe, anstatt an der Grundlegung des neuen Systems mitzuwirken». Tatsächlich hatten die Professoren gezögert, die offizielle Geschichtsthese zu propagieren. Unzweifelhaft spielten jedoch Intrigen und Opportunismus bei den höchst willkürlichen Entlassungen und Wiedereinstellungen eine ähnliche Rolle wie bei späteren staatspolitisch begründeten «Säuberungen». Im «Hochkemalismus», dessen Beginn man mit dem Jahr 1931 ansetzen mag, wurden europäische künstlerische Genres nachdrücklich gefördert, während die Vernachlässigung der einheimischen Musikformen in einem Verbot von türkischer Musik im Rundfunk zwischen 1934 und 1936/37 gipfelte.

Ab den späten 1920er Jahren nahm der Assimilationsdruck auf nichttürkische Gemeinschaften zu. Atatürk mahnte 1930 in seiner «Bürgerkunde» (*Vatandaş için medeni bilgileri*) vor dem Rückfall in osmanische Verhältnisse: Volksgenossen, die sich noch Kurde, Tscherkesse, Lase oder Bosnier nannten, verwendeten irrtümlich Bezeichnungen aus der Zeit der Despotie. Eine Anfang 1928 von der «Nationalen Türkischen Studentenvereinigung» (*Türk Milli Talebe Birliği*) inszenierte Aktion «Mitbürger, sprich Türkisch» zielte auf Nicht-Muslime. Mit Plakaten und Handzetteln richtete sie sich vor allem an die Bewohner von Städten wie Edirne, Istanbul und İzmir. Es kam zu Angriffen auf Passanten und Passagiere, die untereinander eine andere Sprache als Türkisch verwendeten oder eine der in Istanbul gedruckten französischen Tageszeitungen in der Öffentlichkeit lasen. Juden, deren Haussprache auch nach Jahrhunderten Spanisch geblieben war, während ihre gebildete Oberschicht oft besser Französisch als Türkisch sprach, waren das bevorzugte Ziel dieser Aktionen. Mitte der 1930er Jahre wurde die «Sprich Türkisch»-Kampagne auch auf Muslime in der Provinz wie etwa Araber und griechischsprachige Einwanderer aus Kreta in Mersin ausgedehnt. Die thrakischen Juden waren 1934 massiven antisemitischen Ausschreitungen ausgesetzt, bei denen es zur Plünderung ihrer Häuser und Läden kam. Darauf sahen sich die meisten gezwungen, von Kırklareli nach Edirne und von dort aus nach Istanbul zu flüchten. Die Regierung İsmet İnönüs distanzierte sich deutlich und ging gegen ein Hetzblatt vor. Im Zeichen von Nationsbildung und Modernisierung entwickelte sich eine explosive Mischung aus Frustration und Chauvinismus, die sich gegen alles «Fremde» entlud, so auch gegen Juden. Ein kennzeichnender Vorgang dieser Jahre war die Gründung einer turkophonen orthodoxen Kirche unter einem gewissen «Papa Eftim», der schon 1921 als Efthymios Karahisaridis in Kayseri eine Synode der turkophonen Orthodoxen (Karamanlı) geleitet hatte. Anfang 1933 zelebrierte er in Istanbul eine erste türkische Messe. Diese vom Staat wohlwollend beobachteten Aktivitäten scheiterten an der geringen Zahl ihrer Anhänger.

Ein viel größeres Gewicht als alle anderen Minderheiten nahmen die Kurden im neuen türkischen Staat ein. Die Kurdenfrage reicht bis ins frühe 19. Jahrhundert zurück, als die osmanische Zentralmacht den fast autonomen soziopolitischen Raum zu durchdringen und aufzulösen begann. Aber erst gegen Ende des Jahrhunderts entstand unter den Kurden ein rudimentäres sprachliches und kulturelles Zusammengehörigkeitsgefühl. Die Umwandlung von einer vor-nationalen zu einer nationalen Gemeinschaft vollzog sich bei einem Teil von ihnen in der ersten Hälfte des 20. Jahrhunderts. Als die Verschmelzung der Volksgruppen zu einer türkischen Nation Staatsdoktrin wurde, benutzte man im amtlichen Verkehr anstelle von Kurden das Wort «Bergtürken». Nun sollte der Turkismus den Islamismus als einigendes Band ersetzen. Diesem Projekt stand jedoch die Unterentwicklung des gesamten Ostens, nicht nur der vorherrschend kurdisch besiedelten südöstlichen Provinzen, entgegen. Nur in den größten vier Städten (Erzurum, Malatya, Antep und Diyarbakır) der Region gab es Sekundarschulen, von denen drei in die Zeit vor dem Weltkrieg zurückreichten, also osmanische Errungenschaften waren. Die Gesundheitsversorgung spottete jeder Beschreibung.

Die frühe Republik zählte zwischen dem Scheich Said-Aufstand von 1925 über die Ararat-Rebellion (1926–1930) bis zur Dersim-Kampagne von 1937/38 insgesamt 21 (nach einer militärgeschichtlichen Aufstellung 16) größere kurdische Erhebungen. Der größte Teil des Ostens unterstand zwischen 1925 und 1950 dem Ausnahmerecht, bis 1964 war er für Ausländer «verbotene Zone». In den Augen der Kemalisten bildete die von Kurden bewohnte «rebellische Region» (*isyan sahası*) den Schauplatz einer reaktionären Stammesgesellschaft, deren Agas und Scheichs als Sprecher entmachtet und deren Kinder durch Schule und Militärdienst zu jenen Türken werden sollten, die sie nach der herrschenden Doktrin im Grunde bereits waren.

Die zivilen und militärischen Autoritäten besaßen exakte Kenntnisse von den tatsächlichen ethnischen und ökonomischen Besonderheiten des Raums. Eine von Abdülhaluk Renda nach dem Scheich-Said-Aufstand im Auftrag İnönüs durchgeführte Inspektion unterschied innerhalb der 1 360 000 starken Bevölkerung östlich des Euphrats und südlich der Bingöl-Berge sowie in einigen zu Erzurum und Erzincan zählenden Kreisen drei Muttersprachen: Kurdisch (993 000 Sprecher), Türkisch (251 000) und Arabisch (117 000). Von diesen Menschen beherrschten angeblich nur 100 000 *kein* Kurdisch. Renda beklagte in seinem Bericht das geringe Niveau sämtlicher Staatsdiener in der Region, die Gesundheitsdienste seien absolut ungenügend, die Rechtspflege liege völlig darnieder. Die Kurden ließen sich allmählich in den von Armeniern «verlassenen Immobilien» nieder, wobei ihre Bevölkerung ständig anwachse. Aus der Sicht ihrer Angehörigen seien die Oberhäupter der Stämme durchsetzungsfähiger als die staatlichen Organe. Die Kurden entzögen sich dem Militärdienst und der Steuerpflicht. Als Abhilfe schlug er eine sichtbarere Präsenz des Staates vor: Die Behördengebäude und Polizeiwachen müssten die einheimischen Bauwerke überragen (tatsächlich waren die Wohnsitze der führenden Familien weit und breit die einzigen mehrstöckigen, oft festungsartigen Steinbauten der Gegend). Für Beamte müsse ein Ostdienst zur Pflicht werden, Verweigerer sollten nicht befördert werden. Ankara setzte bis zur Ablösung der Volkspartei in der Hauptsache autoritäre Instrumente ein, um die Region zu befrieden und zu turkisieren. In der Fortsetzung des «klassischen» osmanischen *tribal management* wurden aufsässige Stämme, die bis dahin so etwas wie den Status einer rechtlichen Persönlichkeit besaßen, nach Westen verfrachtet. Abweichend von diesem Vorbild sollte man allerdings jetzt, so lauteten die Empfehlungen der Kurden-Berichte, eine Verpflanzung geschlossener Klans oder Stämme vermeiden. Pro Dorf oder Stadtviertel sollte im Sinn eines verfeinerten *Social Engineering* nicht mehr als eine Familie angesiedelt werden.

Am deutlichsten zeigte sich die Entschlossenheit Ankaras, was die Lösung der «Kurdenfrage» anging, im von Zazaki sprechenden Aleviten bewohnten Dersim (heute Tunceli). Ausgelöst durch einen eher begrenzten Zwischenfall an der 1935 eingeweihten Gahmut-Brücke, bei dem türkische Soldaten in einen Hinterhalt von Rebellen gerieten, entwickelte sich 1937 und 1938 die folgenreichste Operation des Militärs in einer extrem isolierten Region. Aus der Sicht der Regierung war die Provinz eine «Pestbeule», die nur durch entschlossenes Handeln beseitigt werden konnte. Inzwischen steht fest, dass die Zahl der Opfer unter den türkischen Armeeangehörigen verhältnismäßig gering war. Zudem hatte sich nur ein Teil der Stammesangehörigen an Anschlägen auf Wachtposten und Brücken beteiligt. Ankara kam es aber darauf an, Angriffe auf die im Entstehen begriffene Infrastruktur mit aller Härte zu bestrafen. Nach einem Ministerratsbeschluss vom 4. Mai 1937 folgte die Zerstörung ganzer Dörfer. Die Pilotin Sabiha Gökçen (1913–2001), eine Ziehtochter Atatürks, die in einem Geschwader der Luftwaffe diente und dabei eine Stammesversammlung durch Bombenabwürfe auflöste, wurde unverzüglich mit einer Verdienstmedaille ausgezeichnet. Die Zwangsmaßnahmen reichten von der demütigenden Bartrasur der *Seyyids* (Prophetenabkömmlinge) bis zu Exekutionen. Schätzungen der Anzahl der Todesopfer unter der kurdischen Bevölkerung reichen von 12 000 bis 60 000. Obwohl 2000 Personen in den Westen des Landes umgesiedelt wurden, stand nicht etwa eine ethnische Neuordnung, sondern die Wiederherstellung der Ruhe im Vordergrund. Deportiert wurden vor allem einflussreiche religiöse und weltliche Persönlichkeiten, aber auch ganze Dörfer und Stämme. Ministerpräsident Erdoğan machte in einer Rede vor AKP-Funktionären im November 2011 eine Anzahl damaliger CHP-Politiker für «Dersim» verantwortlich, ohne ein klares Bedauern *seiner* Regierung auszudrücken.

In dem Jahrzehnt nach dem İzmir-Kongress von 1923 vollzogen sich im wirtschaftlichen Bereich, abgesehen von wichtigen Verbesserungen der Verkehrswege, keine tiefgreifenden Veränderungen. Außerhalb Istanbuls gab es kaum größere Unternehmen, es fehlten Facharbeiter und Ingenieure, vor allem aber herrschte ein chronischer Kapitalmangel, den niemand durch Aufnahme von Auslandskrediten beheben wollte. Ein statistisch durchaus eindrucksvolles Wirtschaftswachstum in den 1920er Jahren hatte am Ende nur die Kriegsverluste ausgeglichen; in der Landwirtschaft wurde nicht einmal das Vorkriegsniveau erreicht. Die Periode des «milden Protektionismus» fand 1929 in der Weltwirtschaftskrise ein jähes Ende. Von dem weltweiten Niedergang der Agrarpreise waren zwei Drittel der Bevölkerung direkt betroffen. Die heftige Deflation wirkte sich vor allem auf die Getreideerzeugung aus, wo die Preise um 70% einbrachen, etwas weniger auf Baumwolle und exportstarke Sonderkulturen wie Tabak, Feigen oder Haselnüsse (30–50%).

Die Entwicklung verminderte die Kaufkraft der Kleinbauern, deren Ackerland ohnehin ständig schrumpfte, weil der Besitz wegen der üblichen Realteilung zersplitterte. An- und Verkaufspreise gingen immer weiter auseinander. Durch einen bösen Zufall war 1929 auch das Jahr, in dem die erste Rate der osmanischen Staatschulden fällig wurde, die das Land bis 1948 belasteten. Nach einem verhältnismäßig ungesteuerten Wirtschaftsleben waren die 1930er Jahre dann teilweise von planwirtschaftlichen Strukturen geprägt. İsmet İnönü war schon 1925, als es um den Aufbau einer nationalen Zuckerindustrie ging, in einen Gegensatz zu Celal Bayar geraten, der nur durch die Vermittlung von Atatürk ausgeglichen werden konnte. İsmet hatte sich offensichtlich auf die Seite derjenigen Finanzpolitiker geschlagen, die den Ausfall von Zolleinnahmen für ausländischen Zucker befürchteten. Im September 1932 ernannte Atatürk den von ihm als Fachmann geschätzten Celal Bayar erneut zum Wirtschaftsminister. Selbstverständlich musste er sich zum Etatismus bekennen, schränkte aber ein: «Im wirtschaftlichen und nationalen Leben der Türkei sind ehrlich erworbene und verdiente Gewinne kein sozialer Schandfleck.»

Die Aufnahme des «Etatismus» in das Programm der Volkspartei hatte den Ruf nach einer Planwirtschaft, insbesondere in Kreisen der Herausgeber der linkskemalistischen Zeitschrift *Kadro*, lauter werden lassen. Eine persönliche Fühlungnahme mit dem sowjetischen Industrialisierungsmodell lag nahe. Zu Recht wird in diesem Zusammenhang der Reise İsmet İnönüs nach Moskau und Leningrad (25. April–10. Mai 1932) besondere Bedeutung beigemessen. Stalin hofierte die türkische Delegation, die auch das Komitee für die Wirtschaftsplanung (*Gosplan*) besuchte und mit einer ungewöhnlichen Kreditzusage nach Hause fuhr. Die Türkei erhielt – erstmals von einem ausländischen Staat – einen zinslosen Kredit in Höhe von acht Millionen Golddollar, den sie innerhalb von zwanzig Jahren in Form von Warenlieferungen abzahlen konnte. Darüber hinaus sagte die Sowjetunion technische Hilfe zu. Eine im August eingetroffene Arbeitsgruppe («Orlov-Delegation») überreichte nach vier Monaten einen Bericht, auf dessen Grundlage am 11. April 1934 der Erste Fünfjahres-Industrieplan der Türkei verabschiedet wurde. Den Auftrag, diesen umzusetzen, erhielt die 1933 gegründete *Sümerbank*. Der Plan sah 14 neue Industrieanlagen im Bereich von Fertigung und Bergbau vor. Für den Textilsektor waren allein 22,35 Millionen TL der insgesamt 43,69 Millionen TL vorgesehen. Damals wurden unter anderem die Fundamente der Stahl- und Eisenindustrie von Ereğli (Karadeniz) gelegt. Alle anderen Branchen folgten mit weitem Abstand.

Unter dem Strich wurden im letzten Jahrzehnt Atatürks auf wichtigen Gebieten gute Wachstumsergebnisse erzielt. In Nazilli, Ereğli (Konya) und vor allem Kayseri waren große baumwollverarbeitende Betriebe entstanden, in Gemlik wurde der Grundstein für eine Kunstseidenfabrik gelegt. Nach vielen Generationen konnten sich Türken wieder mit Stoffen aus eigener Produktion kleiden. Erstmals konnten sie Tee aus eigenem Anbau (im Raum Rize) mit Zucker aus türkischen Raffinerien (wie in Uşak, Alpullu, Turhal und Eskişehir) süßen. Die Palette exportfähiger Güter bestand weiterhin aus Agrar- und Bergbauprodukten.

Die Außenpolitik Ankaras war von dem weithin erfolgreichen Bemühen bestimmt, zu den Gewinnern und Verlierern des Weltkriegs konstruktive Beziehungen zu unterhalten. Aus dem alten Gegner Griechenland wurde im Laufe der Jahre ein verlässlicher Partner, obwohl auch nach dem Bevölkerungsaustausch noch zahlreiche Fragen offen blieben. Der wiedergewählte griechische Ministerpräsident Venizelos trat 1928 an İsmet İnönü heran, um ihm zu versichern, dass Griechenland keine territorialen Forderungen mehr an die Türkei stelle. Am 10. Juni 1930 wurde in einem Vertrag ein Vermögensausgleich beschlossen. Er betraf Zahlungen für Griechen in Istanbul, deren Eigentum die türkische Regierung beschlagnahmt hatte, und im Gegenzug für Muslime in West-Thrakien, denen das Entsprechende widerfahren war. Die Differenz von 125 000 Pfund Sterling sollte in drei Raten an die Türkei fließen. Einen Höhepunkt der sichtbar verbesserten Beziehungen bildete der Besuch von Venizelos in Ankara im selben Jahr.

Die Türkei erwies sich als wichtigster Stabilitätsfaktor in der Nachkriegsordnung Südosteuropas. An dieser Stelle sei nur der Balkan-Pakt vom 9. Februar 1934 mit Griechenland, Jugoslawien und Rumänien genannt. Der Konsultativpakt von Saadabad vom 8. Juli 1937 mit Afghanistan, dem Irak und Iran war aus türkischer Sicht allein durch die in Artikel 7 in Abstimmung mit Teheran vereinbarte gemeinsame Bekämpfung «bewaffneter Banden» (d. h. Kurden) von Bedeutung. Mit Sorge beobachtete Ankara Mussolinis aggressive Albanien- und Mittelmeerpolitik. Staatsbesuche İsmet İnönüs in Athen, Belgrad und – wie schon erwähnt – in Moskau dienten der Nachbarschaftspflege. Gegenbesuche der vom türkischen Modell faszinierten Herrscher Irans und Afghanistans, aber auch schwedischer und britischer gekrönter Häupter zeigten der Weltöffentlichkeit, dass sich die

Ausgewählte Entwicklungsdaten 1929–1939	**1929**	**1939**
Eisenbahnlinien (km)	5144	7324
Gütertransport der Eisenbahn (MillionenTonnen/km)	356	15604
Landstraßen (km)	29 636	41600
Elektrizität (Mill. kWh)	106	353
Steinkohle (1000 Tonnen)	1451	2696
Chromerz (1000 Tonnen)	16	183
Zement (1000 Tonnen)	65	284
Zucker (1000 Tonnen)	8	95
Garne (1000 Tonnen)	23	90

neue Türkei von der unilateralen Passivität der Osmanen verabschiedet hatte.

Der bis 1918 große Verbündete Deutschland war durch den Versailler Vertrag von jeder Beteiligung an der künftigen Nachkriegsregelung des Orients ausgeschlossen. In Artikel 155 verpflichtete sich das Deutsche Reich sogar dazu, alle Vereinbarungen über Besitzansprüche anzuerkennen, die von den alliierten und assoziierten Mächten mit der Türkei abgeschlossen wurden, «auf welche Deutschland oder deutsche Reichsangehörige in der Türkei *etwa Anspruch erheben könnten*». Weiter sagte Deutschland in Artikel 259 zu, die Summe herauszugeben, die bei der Reichsbank auf den Namen der türkischen Staatsschuldenverwaltung als Sicherheit für die erste Papiergeldausgabe der türkischen Regierung in Gold hinterlegt worden war. Ungeachtet dieser und anderer anfänglicher Hindernisse wuchsen die deutschen Exporte in die Türkei nach Aufnahme der diplomatischen Beziehungen im Jahr 1924 stark an. 1929 übertrafen sie mit 15 % bereits diejenigen Frankreichs (12 %), und 1933 stiegen sie auf über 25 %. Deutschland profitierte auch vom 1. Fünfjahres-Industrieplan über die Ausfuhr von Eisen und Stahl, Textilmaschinen und Chemieprodukten, während die Türkei in geringerem Ausmaß ihre klassischen Agrarprodukte lieferte (Rosinen, Nüsse, Feigen, Tabak und Baumwolle).

Im Oktober 1926 wurde ein Junkers-Flugzeugwerk in Kayseri eröffnet, das die seit osmanischen Tagen im Türkei-Geschäft engagierte Baufirma Philipp Holzmann errichtet hatte und das als Ersatz für die eingestellte Produktions- und Übungsstätte der zivilen und militärischen Luftfahrt in der Sowjetunion dienen sollte. Waffengeschäfte wurden trotz des im Versailler Vertrag festgehaltenen Verbots zum Teil über niederländische und schwedische Strohmänner abgewickelt. Zwischen 1925 und 1939 waren deutsche Offiziere als Lehrer an der Kriegs- bzw. Marine-Akademie tätig, einige unmittelbar zur türkischen Armee kommandiert. 1929 erhielt der Deutsche Hermann Jansen den Auftrag, für das auf über 100 000 Einwohner angewachsene Ankara einen Bebauungsplan aufzustellen, «der ihrer Bedeutung als neuer Hauptstadt entsprechen und ihre beabsichtigte Entwicklung in feste Bahnen fassen sollte». Weitere deutschsprachige Architekten wie Holzmeister, Taut, Egli und Bonatz sowie Bildhauer wie Belling, Hanak und Thorak gestalteten die neue Hauptstadt und wirkten als Lehrer an der Istanbuler Akademie der schönen Künste. Jüdische oder politisch unerwünschte Akademiker und Künstler, die durch die Nationalsozialisten aus Deutschland vertrieben wurden, waren maßgeblich am Aufbau der Hochschulen und der Verwaltung beteiligt. Mit Familienangehörigen und Hilfskräften hatten etwa 1000 Personen in der Türkei Zuflucht gefunden. 1933 war in Ankara eine Landwirtschaftliche Hochschule (*Yüksek Ziraat Enstitüsü*) gegründet worden, an der allerdings überwiegend im Rahmen eines bilateralen Abkommens entsandte Deutsche wirkten. Ab 1927 wurde eine wachsende Zahl von Studenten ins Deutsche Reich geschickt, das im Jahr 1937 mit 133 Personen mehr als die Hälfte der 234 türkischen Staatsstipendiaten aufnahm.

Das am 20. Juli 1936 von den Signatarstaaten des Lausanner Vertrags unterzeichnete Montreux-Abkommen beendete die Tätigkeit einer internationalen Meerengen-Kommission und gab der Türkei die Souveränität über die Meerengen zurück. «Montreux» regelt bis heute die Bosporus- und Dardanellen-Durchfahrt für Handels- und Kriegsschiffe unter besonderer Berücksichtigung der Schwarzmeeranrainer in Friedenszeiten, bei

Kriegsgefahr und während eines Krieges. Die Türkei muss im Frieden allen Flaggen und Ladungen eine unbeschränkte Durchfahrt ohne Lotsenzwang gewähren. Im Zweiten Weltkrieg wurden die Regelungen für eine neutrale Türkei wirksam: Es galten für Handelsschiffe die gleichen Bedingungen wie im Frieden, während Schiffe kriegführender Staaten in ihren Heimathafen zurückkehren durften. Mit der Lösung der Konflikte um Mosul und den *Sancak* war es gelungen, die wichtigsten Probleme mit England und Frankreich auszuräumen. Bei allen verbleibenden Problemfeldern konnte man 1938 sagen, dass Atatürk sein Haus im internationalen Umfeld stabil eingerichtet hatte.

5. Zwischen Wölfen: Erfolgreiche Neutralität (1938–1945)

Wenige Tage nach der Eröffnung des Hatay-Parlaments legte der tödlich erkrankte Atatürk am 5. September 1938 in Dolmabahçe sein Testament nieder. An den Feierlichkeiten zum 15. Jahr der Republik im Stadion von Ankara konnte er nicht mehr teilnehmen. Bei der Eröffnung der Großen Nationalversammlung am 1. November wurde die Ansprache des *Gazis* von Ministerpräsident Celal Bayar verlesen. Am 10. November 1938 verstarb – in den Augen vieler, auch wohlwollender Zeitgenossen «rechtzeitig» – der Gründer der Republik Türkei. Rechtzeitig nicht zuletzt, weil seine Alkoholabhängigkeit in den letzten Lebensjahren zu sehr widersprüchlichen Entscheidungen geführt hatte. Sonderausgaben der Zeitungen veröffentlichten noch am selben Tag eine Regierungserklärung: «Durch dieses schmerzliche Ereignis hat das türkische Vaterland seinen großen Schöpfer, die türkische Nation ihr überragendes Haupt, die Menschheit ihren großen Sohn verloren.» Nach einer Beschwörung der Einheit von Nation und Regierung wurde die Bevölkerung auf den verfassungsmäßigen Übergang zur Nachfolge des Staatsgründers vorbereitet. Nach Artikel 33 habe der Präsident der Versammlung Abdülhalik Renda die Vertretung des Präsidenten der Republik bereits übernommen, nach Artikel 34 werde der neue Staatschef «unverzüglich» gewählt werden. Die türkische Jugend werde die Republik als das ihr anvertraute Gut stets beschützen und in Atatürks Spuren fortschreiten. In der Tat erfolgte die Wahl İsmet İnönüs noch am Todestag seines Weggefährten. Nicht alle Vertrauten beider Männer hatten mit dieser Entscheidung gerechnet, hatte doch İnönü Atatürk zum letzten Mal Ende Januar 1938 die Hand geschüttelt – fast zehn Monate vor dessen Ableben. Jedenfalls blieben dem Land Nachfolgekämpfe, auch hinter den Kulissen, erspart.

In der türkischen Geschichtsschreibung gilt die Zeit zwischen Ende 1938 und 1950 als «Ära des Nationalen Oberhaupts» (*Milli Şef dönemi*). Dabei bleibt es umstritten, ob die «Revolution» mit Atatürk zu Grabe getragen wurde. Wenn auch İnönü selbst kein Revolutionär war, so umgab er sich doch mit westlich ausgerichteten Modernisten und förderte ihre Projekte. Wie Atatürk vereinigte er die Ämter des Präsidenten und Parteivorsitzenden auf sich und zögerte nicht, seinen Namen und sein Bild auf Banknoten und Briefmarken in der Öffentlichkeit sichtbar zu machen. Mit ihm wurde ein Mann zum Präsidenten der Türkei, den man eher mit dem Begriff «Regierung» als mit dem Begriff «Staat» zu verbinden geneigt ist. Das Profil eines emotionsarmen, vor harten Entscheidungen nicht zurückschreckenden Geschäftsführers hatte mit der Zeit seinen Ruf als kriegserprobter Offizier und erfolgreicher Führer internationaler Verhandlungen verdrängt. Anders als Atatürk hatte sich İsmet İnönü nicht vom Islam gelöst, diese Bindung jedoch zu keinem Zeitpunkt in die Öffentlichkeit getragen. Der «Zweite Mann» war wie Atatürk ein intensiver Leser, hatte aber einen weiteren Horizont. Er sprach und las Französisch und Deutsch, in späteren Jahren eignete er sich noch das Englische an. Seine Interessen reichten von Physik und Chemie über die Weltliteratur bis zur klassischen westlichen Musik, die er in der Hauptstadt intensiv förderte.

Celal Bayar bildete Ende 1938 für wenige Wochen ein Übergangskabinett und trennte sich von zwei starken, als «nicht austauschbar» geltenden Persönlichkeiten des bisherigen Regimes.

Şükrü Saraçoğlu (1887–1953) übernahm anstelle von Tevfik Rüştü Aras (1883–1972) das Außenministerium. Der mächtige Innenminister Şükrü Kaya (1883–1959) musste sein Amt an Refik Saydam (1881–1942) abgeben. Nachdem Atatürk in der Vorhalle des Ethnographischen Museums von Ankara beigesetzt worden war (sein riesiges Mausoleum wurde erst 1953 fertiggestellt), berief die Volkspartei noch vor Jahresende einen außerordentlichen Kongress ein, in dem Atatürk symbolisch zum «Ewigen Führer», İnönü aber – und das war die wichtigere Entscheidung – zum «Unabsetzbaren Präsidenten» eher akklamiert als gewählt wurde. Tatsächlich sollte İnönü 1939, 1943 und 1946 wiedergewählt werden und nach 1960 erneut eine ausschlaggebende Rolle in der türkischen Republik spielen. Damit hat er, wenn man seine früheren Jahre als Ministerpräsident mit berücksichtigt, mehr als drei Jahrzehnte die beiden höchsten Staatsämter ausgefüllt.

İnönü beschwor im Zusammenhang mit den Wahlen zur 6. Nationalversammlung am 26. März 1939 die Einheit der türkischen Nation im Befreiungskampf. Er hatte dafür gesorgt, dass nicht weniger als 125 neue Personen in das Parlament einzogen, unter ihnen zunächst zwei der wichtigsten von den alten Rivalen. Der Jugendfreund Atatürks und Mitkämpfer im Unabhängigkeitskrieg, Ali Fuad Cebesoy, mit dem sich der Republikgründer in der Frage der Regierungsform und des Kalifats gründlich überworfen hatte und der selbst in den Anschlag von İzmir hineingezogen worden war, erhielt das Amt des TBMM-Präsidenten. Auf Rauf Orbay, der auch nach der Rückkehr aus dem Exil seine Verletzung im Hinblick auf «Lausanne» (siehe S. 37) nie überwinden konnte, ging İnönü sogar persönlich zu: «Mein Bruder, ich möchte mit Ihnen zusammenarbeiten.» Gleichwohl blieb die TBMM ein willfähriges Instrument der Staats- und Parteiführung. Nur starke Figuren wie Kâzım Karabekir konnten in der Presse ihrem Unmut über die ganze bisherige Richtung freien Lauf lassen. So brandmarkte der grollende Pascha in einem Beitrag der Istanbuler *Tan* die zurückliegenden (Atatürk-)Jahre als eine «vom modischen Aberglauben geprägte Epoche». An vielen Stellen deuteten sich nun Risse zwischen einer straffen Auslegung von Atatürks Vermächtnis einerseits und einer zaghaften Revision der radikalen Kulturrevolution an. Extreme Polarisierung, aber auch immer wieder auftretende Phasen von Konsens charakterisierten fortan die türkische Politik.

Die gelungene Nachfolgeregelung schien jedenfalls eine geordnete Weiterführung der Entwicklungsprogramme zu ermöglichen. Der zweite Fünfjahres-Industrieplan (1938–1942) sah den Bau einer Zementfabrik in Sivas vor, zudem standen auf der Agenda Kraftwerke, Schiffe und Hafenanlagen. Als Beispiele seien für die Schwerindustrie das Anblasen des ersten Hochofens in Karabük, für den Agrarsektor der Beginn einer eigenen Kunstdüngerproduktion und für das Verkehrswesen die Inangriffnahme einer Bahnlinie von Diyarbakır über Cizre zum Van-See genannt. 1940 erzeugte das Land, dessen Bevölkerung auf fast 18 Millionen angewachsen war, 76 % des Zements, 63 % der Baumwoll-, 83 % der Wollstoffe und 94 % des Zuckers seines Eigenbedarfs.

Zögerlicher waren die Fortschritte im Presse- und Kommunikationswesen. Der geringe Ausstoß des seit 1936 arbeitenden staatlichen Papierkombinats SEKA in İzmit behinderte die Gründung neuer Periodika. Für die an den Meerengen liegenden Provinzen bedeutete der am 20. November 1940 erklärte Ausnahmezustand, dass die Regierung in Istanbul zu jedem Zeitpunkt oppositionelle Pressestimmen unterdrücken konnte. Allen Blättern war es untersagt, nichttürkische politische Nachrichten mehr als einspaltig zu drucken. 1942 soll die regierungsfreundliche Istanbuler *Cumhuriyet* die Auflage von 40 000 erreicht haben. Die Zahl der Rundfunkteilnehmer lag Ende 1941 bei weniger als 100 000.

Mitte der 1930er Jahre waren noch 35 000 der 40 000 türkischen Siedlungen ohne Schule. Nur 6091 Lehrer verteilten sich auf 5080 Dorfschulen. Erziehungsminister Hasan Âli Yücel (1897–1961) beharrte gegen die Kritik notorischer Gegner wie Kâzım Karabekir auf seinem Plan, Dorfkinder zu Dorflehrern auszubilden. Das wichtigste Projekt zur ländlichen Entwicklung waren die ab 1940 gegründeten Dorfinstitute (*Köy Enstitüleri*). Dabei handelte es sich um eine Art Agrarkommune, in der Absolventen der fünfjährigen Grundschule in Fünfjahres-Kursen unter besonderer Berücksichtigung landwirtschaftlicher, handwerklicher und musischer Kenntnisse auf den Beruf des Dorflehrers vorbereitet wurden. Die letzten von insgesamt 20 Dorfinstituten wurden 1946 gebaut. Bis zu ihrer Schließung durch die Regierung Menderes (1954) bildeten sie 17 251 Lehrer aus, darunter 1308 Frauen.

Hasan Âli Yücel forcierte auch den Ausbau der seit 1932 bestehenden «Volkshäuser» (*Halk Evleri*), die durch bescheidener ausgestattete «Volkszimmer» (*Halk Odaları*) ergänzt wurden. In den größeren Städten bildeten sie ein Ensemble mit Regierungsgebäude, Stadtverwaltung und Schule, dessen Mittelpunkt häufig ein Atatürk-Denkmal darstellte. Mit ihren Versammlungsräumen und Bibliotheken standen die Volkshäuser in offensichtlicher Konkurrenz zu den Moscheen, die immer weniger jugendliche Beter zählten. Unter unmittelbarer Aufsicht der Volkspartei schufen sie den Rahmen für Kurse in Sprache, Literatur und Geschichte und entfalteten eine beachtliche Museums- und Ausstellungstätigkeit. Bis 1951 entstanden 478 Volkshäuser und 4322 Volkszimmer, von denen freilich eine große Zahl nur spärlich genutzt wurde.

Schon der Kultursoziologe Ziya Gökalp (1874–1924) hatte angeregt, den arabischen Gebetsruf (*ezan*) in türkischer Sprache zu verkünden. Nachdem im Winter 1932 in mehreren Istanbuler Moscheen Koranlesungen in türkischer Sprache stattgefunden hatten und auch die Formel «Gott ist sehr groß» (*tekbir*) auf Türkisch gesprochen worden war, ordnete das Präsidium für Religionsangelegenheiten am 18. Juli 1932 an, den Gebetsruf an allen Orten auf Türkisch zu sprechen. Ab 1941 wurde die arabische Form allgemein verboten, das Strafmaß für Zuwiderhandlungen auf drei Monate Haft festgesetzt. Die folgenden Jahre lehrten, dass diese Bestimmung eine stärkere Belastungsprobe für das Verhältnis von gläubiger Bevölkerung und Staat darstellte als selbst das Hutgesetz oder die Streichung der Religion aus der Verfassung. Niemand hatte die Muslime gezwungen, beim Gebet einen Hut mit Krempe zu tragen, und die Grundgesetzänderung war «klammheimlich» über die Bühne der Nationalversammlung gegangen. Hier aber wurde an die persönlichsten Glaubensinhalte gerührt, weil sich die Menschen fragten, ob das Pflichtgebet noch gültig sein konnte, wenn es nicht in der seit mehr als einem Jahrtausend gültigen Sprache formuliert war. An den Dorfschulen wurde ab 1939 kein Religionsunterricht angeboten. Dass es an den progressiven Dorf-Instituten keine Unterweisung in den islamischen Essentials gab, verstand sich von selbst. Die Zahl der wegen «Nichtnutzung» oder «Baufälligkeit» abgerissenen oder umgewidmeten Moscheen ging allein in Istanbul in die Hunderte.

Die säkularen Reformen vollzogen sich vor dem Hintergrund wachsender internationaler Spannungen. Trotz Roms Beitritt zum Vertragswerk von Montreux im Mai 1938 (siehe S. 62) blieb das expansive Italien eine Hauptquelle der Beunruhigung Ankaras. Nachdem Mussolini Albanien annektiert hatte, das bis Anfang des Jahrhunderts eine osmanische Provinz gewesen war, unterzeichnete die Türkei am 12. Mai 1939 eine Beistandserklärung mit Großbritannien. Refik Saydam, der am 25. Januar 1939 die Nachfolge von Celal Bayar als Ministerpräsident angetreten hatte, erklärte unmissverständlich, man wolle «eine Hegemonie im Mittelmeerraum» verhindern. Noch Ende Juni schloss sich Frankreich diesem Pakt an. Die letzten deutschen Militärberater verließen im November das Land. Allerdings war Ankara nicht an einer Distanzierung von seinem wichtigsten Handelspartner Deutschland gelegen. Die Ernennung Franz von Papens zum Botschafter des Reichs in Ankara im April 1939 ging dem Abschluss des deutsch-sowjetischen Nichtangriffspakts vom 23. August und dem Ausbruch des Zweiten Weltkriegs am 1. September um wenige Monate voraus. Im Januar 1940 schlossen Großbritannien und Frankreich ein Wirtschafts- und Finanzabkommen mit der Türkei, das ein Vorkaufsrecht für das kriegswirtschaftlich wichtige türkische Chrom für die Jahre 1941 und 1942 einschloss. Ein Angebot Churchills, die Türkei mit Stützpunkten und Waffen zu versorgen, wurde von Refik Saydam abgelehnt.

Im deutsch-türkischen Nichtangriffsvertrag vom 18. Juni 1941, der zehn Jahre gültig sein sollte, verpflichteten sich beide Staaten dazu, «gegenseitig die Integrität und Unverletzlichkeit ihres

Staatsgebiets zu respektieren und keinerlei Maßnahmen zu ergreifen, die sich direkt oder indirekt gegen den anderen Vertragspartner richten». Die britisch-türkischen Vereinbarungen wurden dadurch nicht in Frage gestellt. Zu diesem Zeitpunkt hatte Hitler die «Operation Barbarossa» längst vorbereitet. Die Türkei antwortete auf den deutschen Angriff auf die Sowjetunion (22. Juni 1941) mit einer Neutralitätserklärung, die nur unterstrich, was man schon im März in einer sowjetisch-türkischen «Erklärung über volles Verständnis und Neutralität» zum Ausdruck gebracht hatte: Dem Land sollte eine Wiederholung der osmanischen Katastrophe erspart bleiben.

Schon in den ersten Tagen nach Beginn des deutschen Einmarschs in Russland wurden zwar in der Türkei Stimmen der Pan-Turanisten, die sich unter Atatürk nicht deutlich hatten artikulieren können, laut: Man müsse die Stunde nutzen, um die «versklavten Türken», das heißt die Turkvölker des sowjetischen Imperiums zwischen Wolga, Kaukasus und dem Altai, zu befreien. Zudem förderte die deutsche Seite durch Kriegskredite eine Türkei, die sie sich als südlichen Eckpfeiler der deutschen Weltmacht vorstellte. Das offizielle Ankara hielt sich allerdings von der Versuchung zurück, mit Deutschland durch antisowjetische Propaganda unter den Turkvölkern gemeinsame Sache zu machen.

Nach dem plötzlichen Tod von Ministerpräsident Saydam am 8. Juli 1942 erklärte sein Nachfolger Şükrü Saraçoğlu, der bis 1946 an der Spitze der türkischen Regierung stehen sollte, vor der Nationalversammlung, man sei «mit England verbündet und mit Deutschland befreundet ...». Nachdem die 6. Deutsche Armee in Stalingrad ab November 1942 von sowjetischen Truppen eingeschlossen worden war, verstärkten die Westalliierten ihre Anstrengungen, die Türkei auf ihrer Seite in den Krieg zu ziehen. Im Januar 1943 reiste Churchill nach Adana, wo er İnönü während einer geheimen Unterredung in einem Eisenbahnwaggon vor sowjetischen Ansprüchen auf die Meerengen warnte – keine unzutreffende Panikmache, wie sich 1945 erweisen sollte. İnönü lehnte aber eine Abkehr von der Neutralität ab, indem er auf die bedrohliche Nähe deutscher Luftbasen auf dem

Balkan hinwies. Ende 1943 traf İnönü mit seinem Ministerpräsidenten und Außenminister in Kairo erneut auf Churchill, der dieses Mal mit Roosevelt gekommen war. Der britische Premier bestand jetzt auf einem Kriegseintritt der Türkei noch vor dem 20. Januar 1944 und der Stationierung von 20 britischen Geschwadern auf türkischen Luftbasen. Ansonsten drohe nach einem Friedensschluss die internationale Isolation des Landes. Die türkische Seite blieb jedoch angesichts der anhaltenden Umkreisung durch die Wehrmacht von der Krimhalbinsel bis zum Dodekanes bei ihrer Haltung. Erst 1943 löste Deutschland vereinbarungsgemäß England als Empfänger türkischer Chromlieferungen ab, nachdem Albert Speer Hitler vor dem Ausbleiben dieses Rohstoffs gewarnt hatte. Die Vorräte Deutschlands wären nach fünf Monaten zu Ende gegangen. Auf Druck der Alliierten musste die Türkei aber Ende April 1944 ihre Chromexporte einstellen.

Auch an anderer Stelle bewies Ankara Einsicht in die veränderte Großwetterlage. Großbritanniens Außenminister Eden hatte vor dem Unterhaus über die türkische Praxis geklagt, deutschen «Handelsschiffen» mit Kriegsmaterial die Durchfahrt durch Dardanellen und Bosporus ins Schwarze Meer zu gestatten. Als auf britisches Drängen hin der Frachter *Kassel* durchsucht und festgestellt wurde, dass er Waffen transportierte, musste Außenminister Numan Menemencioğlu am 15. Juni 1944 zurücktreten. Jetzt distanzierte sich İnönü auch von turanistischen Richtungen, die einen aggressiven Rassismus mit dem Ziel der «Befreiung» der Russlandtürken verbanden. Ihre prominenten Vertreter, darunter ihr Vordenker Nihal Atsız, wurden verhaftet und verurteilt. Am 2. August 1944 folgte die Türkei endlich der Empfehlung der Westalliierten, die Beziehungen zu Deutschland abzubrechen. Alle nicht als Emigranten anerkannten Deutschen wurden ausgewiesen oder in drei anatolischen Städten «konfiniert». Die im letzten Moment erfolgten Kriegserklärungen an Deutschland und Japan (23. und 28. Februar 1945) verschafften der Türkei die Einladung zur Gründungskonferenz der Vereinten Nationen in San Francisco (25. April 1945). «Die türkischen Politiker hatten richtig gepokert.» (Fikret Adanır).

Insbesondere die Jahre zwischen 1940 und 1944 hatten die Bevölkerung in Stadt und Land schwer belastet. Bald nach Kriegsbeginn betrugen die Militärausgaben die Hälfte des Haushalts. Die 50 Divisionen der türkischen Streitkräfte waren, wie der britische General Marshall-Cornwall nach einer Inspektion türkischer Militärbasen meldete, die er auf Wunsch Churchills im November 1940 durchgeführt hatte, eine «Pfeil-und-Bogen-Armee», die nicht die geringste Aussicht habe, einer deutschen Invasion standzuhalten. Ihre Feldartillerie stütze sich noch vollständig auf Pferde. Deutsche Panzer würden Thrakien rasch besetzen, die Luftwaffe Istanbul in kürzester Zeit lähmen. Passive Maßnahmen wie der Luftschutz mit Hilfe von Verdunkelung und Bunkern wurden nur in Ansätzen wirksam. Ab 1941 dienten Nichtmuslime aus Istanbul und Thrakien im sogenannten 20. Reservekorps, das eher wie ein Strafbataillon als wie ein militärischer Ersatzdienst funktionierte. 1942 wurde die Wehrpflicht auf drei Jahre erhöht, im staatlichen Sektor die Pflichtarbeitszeit verlängert. Wie im Ersten Weltkrieg waren Frauenarbeit und weibliche Hilfskomitees allerorten sichtbar. Auf dem Land nahm die Belastung von Alten, Frauen und Kindern immer mehr zu. Um die von ca. 120 000 auf über 1,5 Millionen Soldaten gewachsene Armee und die Einwohner der Städte zu versorgen, griff der Staat nach der Erschöpfung der Vorratslager zu Zwangsmaßnahmen.

Ab Februar 1941 wurden die Bauern, die immer noch mehr als 80% der 20 Millionen-Bevölkerung ausmachten, gezwungen, ihre Produkte, vor allem Weizen, zu weit unter dem Marktwert liegenden Preisen zu verkaufen. Die Ausgabe von Brotkarten für die Bevölkerung der drei Großstädte Istanbul, İzmir und Ankara sowie von Zonguldak Anfang 1942 zeigte den begrenzten Erfolg dieser Maßnahme; kurz danach mussten die Rationen auf 300 Gramm täglich herabgesetzt werden. Im Sommer 1943 wurde die berüchtigte, an den abgeschafften Zehnten gemahnende Steuer auf Agrarprodukte (*Toprak Mahsulleri Vergisi*, TMV) eingeführt. Der Mangel an Erntearbeitern, Zugvieh, Transportmitteln, Saatgut und Dünger führte schon jetzt zu einem Rückgang der bestellten Ackerflächen um 15% im Vergleich zur Vorkriegszeit, bei Kriegsende lag der Wert bei 51%

(Şevket Pamuk). Zuständig für den Getreideankauf war seit 1938 das «Amt für Agrarprodukte» (*Toprak Mahsulleri Ofisi*, TMO). Das verhasste *Ofis* hatte die Aufgabe, Depots und Mühlen zu errichten und die Zivilbevölkerung sowie die Armeeangehörigen zu ernähren. Die riesige, aber mit ebenso vielen Vollmachten (Deklarierung bzw. Beschlagnahmung von größeren Getreidevorräten) wie organisatorischen Schwächen behaftete Organisation galt auf dem Dorf als unmittelbarer Arm des Staates. Das Haupthindernis für die Durchsetzung der 25-Prozent-Abgabe bzw. der TMV waren unzureichende Lager- und Transportkapazitäten. So mussten die Bauern ohnmächtig zusehen, wie das behelfsweise in Moscheen und Schulen aufgehäufte Getreide verrottete, wenn es nicht schon auf dem freien Feld zertreten wurde.

Die massive Geldentwertung dieser Jahre war für die neue Türkei ein unbekanntes Phänomen. Selbst während des Unabhängigkeitskriegs hatte es keine vergleichbare Inflation gegeben. 1944 war die Kaufkraft der Beamten nur noch halb so hoch wie 1939. Korruption und Unfähigkeit lokaler Amtsträger verschlimmerten die Situation. Die Zahl der Hungertoten, namentlich im Winter 1942/43, war hoch, ist aber nicht genau bekannt. Zahlreich waren auch die Opfer von Tuberkulose und Lungenentzündung. Anfang 1945 hielt eine Tageszeitung fest, dass nur 1749 Ärzte im Staatsdienst standen und nach wie vor 43 000 Siedlungen vollständig auf Gesundheitspersonal, Sanitätsstationen oder Apotheken verzichten mussten. Die durchschnittliche Lebenserwartung war in den Jahren von 1940 bis 1945 von 34,5 auf 31,4 Jahre gesunken.

In den Weltkriegsjahren kam es zu keiner Wiederholung der «Thrakischen Vorgänge» von 1934 (siehe S. 55), jedoch beschränkte sich der Antisemitismus nicht auf wirtschaftliche Repression und hässliche Karikaturen. Die Zeitungen stellten schon bei kleinen Delikten Juden als Wucherer und Missetäter dar. Tragisch endete die Abweisung des Schiffes *Struma* mit 778 rumänischen und russischen Juden an Bord, die über Istanbul Palästina erreichen wollten. Nachdem der britische High Commissioner die Einreise trotz Vorstößen der Jewish Agency verweigert hatte, untersagten die türkischen Behörden ihre Ausreise auf dem Landweg. Auf Anweisung Ankaras wurde das aus eigener Kraft bewegungsunfähige und überfüllte Schiff von einem türkischen Boot ins Schwarze Meer geschleppt und seinem Schicksal überlassen. Es versank am 24. Februar 1942 nach einem gezielten Torpedoangriff eines sowjetischen U-Boots. Nur eine Person überlebte. Ministerpräsident Refik Saydam hatte zuvor verkündet, dass die Türkei kein Asyl für Menschen bereitstelle, die anderswo unerwünscht seien. Im April 1942 entließ die amtliche Nachrichtenagentur, wie man in Deutschland mit Genugtuung registrierte, alle jüdischen Angestellten.

Ein am 11. November 1942 beschlossenes «Gesetz über Vermögensabgabe» (*Varlık Vergisi*) war unter den geschilderten Umständen eine in Zeiten staatlicher Finanznot sinnvolle Maßnahme, um auch reiche Bürger an den Lasten der Mobilmachung zu beteiligen. Tatsächlich traf die *Varlık Vergisi* jedoch fast nur nichtmuslimische Gruppen (Armenier, Griechen, Juden) bzw. die zum Islam konvertierten *Dönme* in Istanbul. Wer nicht in der Lage war, innerhalb von zwei Wochen seine «Steuerschuld» zu bezahlen, büßte zunächst mit Haftstrafen und Zinszuschlägen. Ab dem 20. Januar 1943 wurden große Vermögen beschlagnahmt, ihre bisherigen Eigentümer zu Zwangsarbeit im fernen Aşkale verurteilt. Die Ausführungsbestimmungen des Gesetzes sahen ihre Verwendung in Steinbrüchen, im Brücken- und im Straßenbau vor. Nach Zeitungsberichten waren Anfang 1943 bereits Arbeitslager für 10 000 Personen bereitgestellt worden. Tatsächlich wurden 1229 Menschen in den äußersten Südosten des Landes deportiert, unter ihnen kein einziger Muslim. Ministerpräsident Şükrü Saraçoğlu hatte öffentlich erklärt, dass die Steuer «mit aller angemessenen Härte» diejenigen treffe, «die von der Gastfreundschaft der Nation profitierten und reich geworden seien». İnönü rechtfertigte die Verordnung in einer geschlossenen CHP-Sitzung als Revolutionsgesetz: «Indem man die auf unserem Markt dominanten Ausländer beseitigt, geben wir den türkischen Markt in die Hände von Türken.» Allerdings bildete sich erst in den 1970er Jahren ein türkisch-muslimisches Unternehmertum heraus, das sich deutlich von den Neureichen der frühen Republik unterschied.

Der Staat lenkte auch während der Kriegsjahre Ressourcen in die neue Hauptstadt, wo wichtige Hochschul- und Regierungsbauten entstanden bzw. in Angriff genommen wurden (Gebäude der Nationalversammlung durch Clemens Holzmeister 1938–1963, Naturwissenschaftliche Fakultät 1943–1945). Allerdings scheiterte das ehrgeizige Vorhaben eines groß angelegten Campus für eine Technische Universität Ankara. Gleichzeitig aber nahmen die Anstrengungen zu, auch die Infrastruktur der Provinzstädte zu modernisieren.

Die Übersicht zeigt, dass die Stadtoberhäupter nicht allein notwendige technische Verbesserungen im Auge hatten, sondern vielfach auch die Beseitigung unerwünschter Erinnerungen an den Habitus einer «orientalischen» Stadt wie Sackgassen, Derwischerien oder herkömmliche Friedhöfe. Eine gegenläufige Tendenz war das irreguläre Wachstum der «über Nacht gebauten» Siedlungen (*gecekondus*), von denen in Ankara, das bei Kriegsende 226 712 Einwohner zählte, bereits 37 272 registriert wurden.

Städtische Projekte	**1923**	**1933**	**1938**	**1945**
Elektrizitätswerke	4	94	150	202
Moderne Trinkwasserversorgung	20	185	245	?
Schlachthöfe	17	93	114	220
Sportanlagen	7	184	198	220
Parks und Gärten	29	209	304	536
Zeitgenössische Friedhöfe	–	–	22	51
Straßenpflaster (in km)	578	1480	5657	3445

Quelle: İlhan Tekeli und İlber Ortaylı: *Türkiye'de belediyeciliğin evrimi*, Ankara 1978

In den 17 Provinzen Ostanatoliens lebten zwischen 1935 und 1940 etwa 18–19 % der türkischen Bevölkerung. Ihre Lage hatte sich in der frühen Republik nur partiell verbessert. Abgesehen von Investitionen in militärische und polizeiliche Strukturen, in den Eisenbahn- und den strategischen Fernstraßenbau lagen die

Ausgaben im Osten teils *unter* – etwa in Bildung und Landwirtschaft –, teils nur *geringfügig über* den nationalen Mittelwerten. So betrugen die Pro-Kopf-Ausgaben des Gesundheitsministeriums zwischen 1943 und 1945 im Durchschnitt 2,50 Lira, in den Ostprovinzen 2,68 Lira. 1944 verfügten die größten Krankenhäuser in Erzurum nur über 170, in Diyarbakır nur über 145 Betten. Die Landbevölkerung empfand insbesondere den Mangel an Nebenstraßen, die Atatürk schon 1924 durchaus problembewusst als «Flügel des Bauern» bezeichnet hatte, als schwierig. Abgesehen von den geschilderten Erschwernissen der Kriegszeit wurde die Nation in diesen Jahren von einer der folgenreichsten Naturkatastrophen ihrer Geschichte heimgesucht. Das Erzincan-Beben vom 27. Dezember 1939 forderte 32 000 Menschenleben und zerstörte 45 000 Häuser. Die Wiederherstellung der Stadt war in den frühen 1950er Jahren noch nicht abgeschlossen. Erst nach dem weiteren schweren Beben von 1992 gelang ein im Wesentlichen erdbebengerechter Wiederaufbau. Angesichts der geringen Ressourcen und der natürlichen Disparitäten zwischen Ost und West konnte es der Regierung nicht gelingen, in wenigen Jahren eine spürbare Minderung dieses Gefälles herbeizuführen. So blieb es bei Versprechungen der Politiker, die Städte des Ostens so auszubauen wie das stets prosperierende Bursa. Auch nach Jahrzehnten kehrte sich die Tendenz nicht um: «Der relative Entwicklungsunterschied zwischen dem Westen und dem Osten des Landes tendiert also dazu, sich zu vergrößern, und der Staat hat zur Zeit weder das Geld noch die Machtmittel, um diesem Trend nachhaltig entgegenzuwirken.» (Wolf-Dieter Hütteroth 1982).

Das Regime der CHP betrieb im Rückblick auf die Weltkriegsjahre weder eine volksnahe noch eine solidarische Politik. Der Aufstieg der Demokratischen Partei nach 1946 erklärt sich zu einem großen Teil aus dem Fiasko im ländlichen Raum. Auch wenn die Türkei während ihrer unausgesprochenen Mobilmachung nur mit Einschränkungen eine Insel des Friedens war, ersparte ihr jedoch die elastische, vorsichtige Politik eine Besetzung, wie sie die Sowjetunion und Großbritannien im Nachbarland Iran vornahmen. Am Ende erwies sich ihre militärische Schwäche als ihr größter Trumpf.

6. Ein demokratisches Experiment (1945–1960)

Das Kriegsende stellte die türkische Führung vor die Aufgabe einer außenpolitischen Neuausrichtung. Bei der Eröffnung der Nationalversammlung am 1. November 1945 rechtfertigte İnönü die Neutralitätspolitik während des Kriegs und versprach direkte Wahlen im Jahr 1947. Moskau kündigte am 19. März 1946 den Neutralitätsvertrag vom 17. Dezember 1925, «weil er den durch den Zweiten Weltkrieg bewirkten tiefgreifenden Veränderungen nicht mehr entspreche». Gleichzeitig wurde in mündlicher Form die erneute Abtretung von großen Gebieten im Südkaukasus (Kars, Ardahan, Artvin) verlangt, die dem zaristischen Russland 1878 zugeschlagen worden waren. Außenminister Molotov kleidete dem türkischen Botschafter gegenüber die unmissverständliche Forderung nach militärischen Stützpunkten an Bosporus und Dardanellen in den Wunsch nach einer «gemeinsamen Verteidigung der Meerengen» ein. Auf der Potsdamer Konferenz (17. Juli–2. August 1945) verlangte Stalin eine Revision des Vertrages von Montreux. Dies war keine neue Zumutung, sondern ein während der gesamten Kriegsjahre fortlaufender Begleitton gewesen. Die Vereinigten Staaten versprachen der Türkei in einer Note nach «Potsdam», sich im Fall einer neuen Meerengen-Konferenz – im Unterschied zu 1936 – daran zu beteiligen. Es kam jedoch nicht zu einem zweiten Montreux, weitere Vorstöße Moskaus im August und September 1946 blieben wegen der amerikanischen und britischen Ablehnung ergebnislos. Auch wenn es bisher keine auf Dokumente gestützten Beweise für die sowjetischen Forderungen gibt, wird man kaum – wie ein Teil der Forschung – von einer «abstrakten Drohung» sprechen dürfen, die erfunden wurde, um die Türkei näher an die Vereinigten Staaten heranzuführen.

Zu den sichtbaren Vorzeichen des Kalten Kriegs im östlichen

Mittelmeerraum zählte im Rückblick das Einlaufen der *USS Missouri*, die im Frühjahr 1946 den im Dienst verstorbenen türkischen Botschafter von Amerika nach Istanbul überführte. Weitere amerikanische und britische Flottenbesuche folgten. Die wachsende Bedeutung der Vereinigten Staaten wurde deutlich, als Großbritannien 1947 mitteilte, dass es die militärische Unterstützung Griechenlands und der Türkei aufgebe. Als Präsident Truman im März 1947 vom Kongress Mittel für diese beiden Staaten forderte, war der Startschuss für die Eindämmungspolitik (*containment policy*) der Nachkriegszeit gefallen. Die im Zusammenhang mit der «Truman-Doktrin» freigegebenen 100 Millionen US-Dollar für die Türkei (Griechenland erhielt das Dreifache) waren keine Entwicklungsgelder, sondern wurden zum größten Teil für militärische Zwecke wie den Bau der später allgemein «NATO-Straßen» (*Nato yolu*) genannten Verkehrswege verwendet. Erst die Einbeziehung der Türkei in den Marshall-Plan (Juli 1948) änderte die Schwerpunkte. Anfang 1950 erklärte der amerikanische Botschafter: «Der Nahe Osten ist sicher, solange die Türkei ihre Stellung hält.» US-Diplomaten fürchteten, sie könnte bei einer Zurückweisung durch die NATO ihre Haltung ändern und sich mit den Sowjets arrangieren. Das Argument, dass die Türkei weder am Atlantik liege noch sich am letzten Weltkrieg beteiligt habe, galt im Februar 1952 nicht mehr, als während der Lissabon-Konferenz sowohl die Türkei als auch Griechenland in die NATO aufgenommen wurden. Die Folge war eine beschleunigte Modernisierung der Streitkräfte. Zwischen 1946 und 1952 wurde die Türkei mit 562,9 Millionen US-Dollar unterstützt, 1953–1961 stieg die Summe auf 1567,6 Millionen. Dabei handelte es sich um reine Zuschüsse, erst in den Jahren 1962 bis 1974 wurde ein – allerdings geringer – Teil der weiterhin angestiegenen US-Hilfe als Kredit vergeben.

Die Bevölkerung erwartete nach dem Kriegsende vor allem eine Verbesserung ihrer alltäglichen Lage. Für die Dorfbewohner standen drei Themen im Vordergrund: der Ausbau des vor allem im Winter unbrauchbaren Wegenetzes, eine hygienische Trinkwasserversorgung und mehr Mittel für Zugtiere oder Traktoren. Noch war in vielen Dörfern der vor 6000 Jahren erfundene Scheibenräderwagen (*kağnı*) in Gebrauch, bis in die 1970er Jahre sah man ebenso archaische Dreschschlitten. Die mit dem Marshall-Plan verstärkte Einführung von Traktoren kam vor allem den Bauern der Çukurova und anderen besonders begünstigten Gebieten zugute. Ein direkter Zusammenhang zwischen der «Traktorenrevolution» ab den 1950er Jahren und der Abwanderung in die Großstädte besteht nicht, denn die Landflucht war gerade dort am größten, wo die Einführung moderner Geräte den Vorzugslandschaften um 20 bis 30 Jahre hinterherhinkte. Utopisch hätte damals die Forderung nach Elektrizität geklungen. Noch im Jahr 1967 hatten von rund 36 000 Landgemeinden erst 823 Stromanschluss.

Eine Agrarreform erschien manchen als Zauberformel, um durch die Umverteilung von Grundbesitz Hunderttausenden von Landarbeitern und Pächtern zu ausreichendem Ackerboden zu verhelfen. Seit Mitte der 1920er Jahre gab es gesetzliche Initiativen, Staatsland an bedürftige Bauern zu verteilen. Sie waren jedoch anfangs eher Instrumente der Umsiedlungspolitik Atatürks. Erst das CHP-Programm von 1935 versprach: «Eines der Grundziele unserer Partei ist es, jeden türkischen Landwirt zum Eigentümer ausreichenden Grund und Bodens zu machen.» Ein Abänderungsgesetz zum Verfassungsartikel 74 sah 1937 endlich eine Entschädigung im Falle einer Enteignung vor, «um den Bauern zum Landeigentümer zu machen und die Forsten unter staatliche Verwaltung zu bringen». Damit war zumindest das verfassungsrechtliche Hindernis für eine Agrarreform auf Kosten größerer Grundbesitzer beseitigt. Die Versorgungsprobleme während des Zweiten Weltkriegs erlaubten aber keine energischen Eingriffe in die Agrarlandschaft. Zudem waren viele größere Grundbesitzer seit dem Unabhängigkeitskrieg mit Staat und Partei zu eng verbunden.

Dennoch blieb eine gerechtere Landverteilung für İnönü gleichsam «auf Wiedervorlage», bis Landwirtschaftsminister Şevket Raşit Hatipoğlu, ein in Leipzig promovierter Agrarwissenschaftler, am 17. Januar 1945 einen Gesetzentwurf über die «Verteilung von Land an Bauern» vorlegte. Er begründete das Gesetz mit dem Absentismus reicher Agrarier, auch sei das System der Halbpächter (*ortakçılık*) ein Hindernis für den technischen und wirtschaftlichen Fortschritt der Türkei. In den Kommissionssitzungen wurde Artikel 17 des Entwurfs heftig diskutiert. Dieser sah die Enteignung von Großbetrieben mit über 2000 Hektar hochwertigem bzw. 5000 Hektar minderwertigerem Land zugunsten von Bauern vor, die über keinen oder nur unzureichenden Ackerboden verfügten. Am Ende stimmten 345 Abgeordnete zu, 104 waren dem Votum ferngeblieben. Unter den Abwesenden befand sich auch der spätere Ministerpräsident Adnan Menderes.

Menderes (1899/1900–1961) war der Sohn eines früh verstorbenen Beamten, hatte aber von seinem Großvater im südwestanatolischen Aydın beachtlichen Landbesitz geerbt, von dem er etwa 3000 Hektar bewirtschaften ließ. Als Kommissionsberichterstatter kannte er jedes Detail des Gesetzes. Es vergingen fast weitere zwei Jahre, bis es der Ministerrat mit stark verwässerten Ausführungsbestimmungen umsetzte. Von einer Enteignung des Großgrundbesitzes war nun nicht mehr die Rede. Während die CHP-Führung ursprünglich auf die Unterstützung kleiner Bauern und Landarbeiter bei anstehenden Wahlen gehofft hatte, setzte sie in der veränderten Nachkriegsatmosphäre wieder stärker auf größere Grundbesitzer. Es war eine ironische Wende, dass Ali Cevat Oral, ein Großagrarier aus der Çukurova und einer der erbittertsten Gegner der Reform, Mitte des Jahres 1948 zum Landwirtschaftsminister ernannt wurde. Von dem umstrittenen Artikel 17 war hinfort nicht mehr die Rede. Obwohl Betriebe mit mehr als 20 Hektar landwirtschaftlicher Nutzfläche mit Ausnahme des Südostens selten sind – selbst in der Çukurova gehörten extrem große Güter zu den Ausnahmen –, blieb eine Agrarreform bis weit in die 1970er Jahre ein Hauptthema der türkischen Innenpolitik. Unter Ministerpräsident Süleyman Demirel wurde nach 1965 das Reizwort «Landreform» (*toprak reformu*) durch das moderate Konzept «Reform der Landwirtschaft» (*tarım reformu*) ersetzt.

Die Auseinandersetzung um die Landreform war nicht die Ursache für das spätere Ausscheiden einer kleinen, aber gewichtigen Gruppe von Abgeordneten aus der Volkspartei, hat aber ihre Entfremdung sicher beschleunigt. Entscheidender war die Wirkung der sogenannten «Viererdenkschrift» (*dörtlü takrir*) vom 7. Juni 1946. Sie entstand vermutlich als Gemeinschaftswerk der Abgeordneten Celal Bayar, Refik Koraltan, Fuat Köprülü und des eben genannten Adnan Menderes. In sehr allgemeiner Form forderte die Denkschrift die verfassungsgemäße Einhaltung demokratischer Spielregeln in Partei und Parlament. Dabei konnten sich die Autoren auf İnönü berufen, der wenige Wochen zuvor angekündigt hatte, «dass in unserem politischen und geistigen Leben die demokratischen Grundsätze einen breiteren Raum einnehmen sollen». Der Wunsch der vier Unterzeichner nach einer öffentlichen Aussprache über ihre Forderungen wurde abgelehnt. Nach einer siebenstündigen, sehr persönlich geführten Auseinandersetzung hinter geschlossenen Türen wurde das Anliegen insgesamt mit dem Hinweis, die CHP bedürfe keiner Reformen, zurückgewiesen. In der Folge legte Bayar sein Mandat nieder, die übrigen drei Dissidenten wurden Ende September aus der Volkspartei ausgeschlossen.

Im Mai 1945 ließ İnönü, der für das Jahr 1947 Wahlen angekündigt hatte, aus Kalkül den Termin auf Juli des Jahres 1946 verlegen. Kurz zuvor nämlich, am 7. Januar 1945, hatten die vier Verfasser der «Denkschrift» beim Innenminister die Zulassung einer «Demokratischen Partei» (*Demokrat Partisi*, DP) beantragt. Durch einen vorgezogenen Wahltermin verminderten sich die Aussichten der neuen Partei, die erst ein Organisationsnetz aufbauen musste. Zum Vorsitzenden der DP, die zunächst vor allem ein Sammelbecken von frustrierten Volksparteianhängern war, wurde Celal Bayar gewählt. In der Partei fand man ehemalige *Serbest Fırka*-Leute (siehe S. 50), aber auch moderate Linke und Nationalreligiöse. In der Provinz blieb die Hälfte der tonangebenden Familien der CHP treu. Bayar nannte als wichtigsten Unterschied zur Volkspartei, dass man die Partei «von unten nach oben» aufbauen wolle. So entschieden die DP die Landreform bekämpfte – mit ihrer (nicht eingelösten) Bereitschaft, Gewerkschaften mit Streikrecht zuzulassen, behauptete sie sogar, «zwei Fingerbreit» links von der CHP zu stehen. Da sich die Volkspartei ihrerseits teilweise zur liberal-konservativeren Mitte öffnete, wurde der Unterschied zwischen den Rivalen noch geringer.

Gegen den Widerstand der DP wurden noch vor den Parlamentswahlen zum 26. Mai 1946 Gemeindewahlen angesetzt. Ohne dass die DP es gewagt hatte, die Abstimmung offen zu boykottieren – İnönü hatte Nichtwähler als Vaterlandsverräter bezeichnet –, deutete man eine geringe Wahlbeteiligung als Votum gegen die bisherige Staatspartei. Am Ende gingen nur wenig mehr als die Hälfte der Wahlberechtigten zur Urne, in den Provinzzentren lag der Durchschnitt bei 64 %. Die DP konnte sich indes nicht erlauben, die zwei Monate später stattfindende Wahl zur Nationalversammlung ebenfalls zu missachten.

Zum ersten Mal in der 25-jährigen Geschichte der Republik sollten türkische Männer und Frauen ihre Vertreter in direkter Wahl bestimmen. Das Mehrheitswahlsystem eignete sich besonders wegen seiner leichten Verständlichkeit und der vereinfachten Auszählung für ein Land, in dem die Mehrheit der Bevölkerung aus Analphabeten bestand.

Das Wahlplakat der DP zeigte eine Stopphand und die Worte: «Es reicht! Jetzt hat die Nation das Sagen!» (*Yeter Söz Milletindir*). An dieser ersten direkten Wahl beteiligten sich am 21. Juli 1946 rund 75 % der Wahlberechtigten. İnönüs Schachzug führte zum gewünschten Ergebnis. Die DP konnte unter Zeitdruck nur 273 Kandidaten für die 465 Sitze der Nationalversammlung aufstellen. Am Ende ging die CHP mit 395 Sitzen als Sieger hervor, die Anzahl der DP-Sitze lag bei 65 (nach anderen Quellen 66), unabhängige Kandidaten erhielten 4 (bzw. 6 oder 7) Sitze. Im Gegensatz zu früheren Wahlen, bei denen nach dem Grundsatz «Offene Stimmabgabe, geheime Auszählung» verfahren wurde, galt jetzt umgekehrt «Geheime Abstimmung, öffentliche Auszählung». Fälschungen zugunsten der CHP waren trotzdem nicht ausgeblieben, da die Urnen weitgehend von Staatsdienern überwacht und am Ende alle Unterlagen verbrannt wurden. Als der unabhängige Politiker und Kleinbauernvertreter Osman Bölükbaşı gegen das Ergebnis protestierte, nahm man ihn in Haft.

Der neue Regierungschef Recep Peker, der Stahlhelm-Kemalist der ersten Stunde, musste schon nach wenigen Monaten «aus Gesundheitsgründen» sein Amt an Hasan Saka abgeben. İnönü hatte erklärt, als Präsident der Republik würde er sich beiden Parteien gleichmäßig verpflichtet fühlen. Ende 1947 beherrschte das Thema Religionsunterricht den bisher längsten Parteitag der CHP. Zum ersten Mal wurde auf diesem Forum der Ruf nach «spiritueller Nahrung für die Jugend» laut, womit der Wiederaufbau des religiösen Erziehungswesens gemeint war. Die Regierung antwortete 1948 mit der Zulassung des fakultativen Religionsunterrichts in den Klassen 4 und 5 der Grundschulen, der dann ab Februar 1949 überall, jedoch außerhalb der Regelstunden, stattfand. Im folgenden Jahr wurde unter Ministerpräsident Şemsettin Günaltay, der trotz seiner CHP-Mitgliedschaft vielen modernen Kulturrichtungen skeptisch gegenüberstand, ein Gesetz über die Einrichtung einer Theologischen Fakultät an der Universität Ankara beschlossen. Der Nachfolger Hasan Âli Yücels im Amt des Unterrichtsministers, Reşat Şemsettin Sirer, hatte bereits den Abbau der erfolgreichen ländlichen Lehrerbildungsanstalten (*Köy Enstitüleri*) betrieben (im Schuljahr 1945–1946 wurden noch 1609 Dörfer mit 1849 Lehrern und 665 Gesundheitsbeamten, die daraus hervorgegangen waren, versorgt). Neben dem Vorwurf, die *Köy Enstitüleri* verbreiterten die Kluft zwischen Städtern und Landbewohnern, argumentierten die Gegner, dass die Koedukation im Widerspruch zu Werten der türkischen Familie stehe. Vor allem aber finde dort die kommunistische Ideologie eine Heimstatt. İnönü, der selbst zu den größten Förderern der Dorf-Institute gehört hatte, begleitete diesen «Rückbau» mit Stillschweigen. Im März 1950 kündigte er die Entfernung der «Sechs Pfeile» als Verfassungsgrundsätze an.

Das Präsidium für Religionsangelegenheiten erhielt eine neue Organisationsform, wobei ihm jetzt sämtliche Moscheediener unterstellt wurden. Ein überaus deutliches Signal an die Öffentlichkeit, die sich mit der Schließung der Grabbauten unter Atatürk nicht abfinden wollte, war die Regierungsvorlage zur Öffnung der Mausoleen «großer Männer». Am 1. September 1950 fand im Beisein des Präsidenten der Religionsbehörde die feierliche Wiedereröffnung der Türbe des Istanbuler Stadtheiligen Eyüp durch den Vali statt. Trotzdem fehlte auch bei einer «gewendeten» CHP-Regierung häufig das Gespür für die veränderte Stimmung im Land. Den religiösen Revisionismus der späten 1940er Jahre begleiteten Verdächtigungen und Verfolgungen von Schriftstellern und Akademikern, denen man kommunistische Neigungen unterstellte. Hasan Âli Yücel wurde 1947 beschuldigt, in seinem Amtsbereich Kommunisten Unterschlupf gewährt sowie die Dichter Sabahattin Âli und Nazım Hikmet protegiert und finanziell unterstützt zu haben. Nach einem Verfahren, das über drei Jahre dauerte und mehrere Instanzen durchlief, erwiesen sich alle Beschuldigungen als unwahr, doch hatten die Ankläger – größtenteils aus dem Umkreis des Rassisten Nihal Atsız (siehe S. 70) – die Genugtuung, das Bild des bedeutenden Reformers gründlich beschädigt zu haben. Ebenso spektakulär war ein Prozess, an dessen Ende die Akademiker Behice Boran, Niyazi Berkes und Pertev Naili Boratav aus der Universität Ankara ausgeschlossen wurden.

Die neue Westorientierung erfuhr durch die Einbeziehung der Türkei in den Marshall-Plan (4. Juli 1948) eine Beschleunigung. Als im Januar 1949 der indische Ministerpräsident Nehru die türkische Regierung aufforderte, an der New Delhi Conference über das niederländisch besetzte Indonesien teilzunehmen, lehnte diese mit dem Hinweis ab, dass die Türkei ein europäischer Staat sei. Konsequent war deshalb die Annahme der Einladung zum Europarat im selben Jahr.

Die Wahlen vom 14. Mai 1950 brachten der DP, die 80% ihrer Kandidaten durch ihre örtlichen Organisationen bestimmen ließ, den erwünschten Erfolg, auch wenn das *winner-takes-all*-System die Proportionen zugunsten des Siegers stark verzerrte. Von 8,9 Millionen Berechtigten gaben beachtliche 7,9 Millionen (88%) ihre Stimme ab. Die DP gewann mit ihrem 53,59%-Anteil 408, die CHP mit 40% nur 69 Sitze. Außerdem war die National-Partei (*Millet Partisi*) von Bölükbaşı mit ihm als einzigem Abgeordneten vertreten. Die christliche und jüdische Restbevölkerung Istanbuls repräsentierten drei Abgeordnete. Der Frauenanteil war so gering wie in keiner der vorausgehenden Legislaturperioden; von den beiden großen Parteien war jeweils nur eine Frau aufgestellt worden. Das Wort von der «Revolution ohne Frauen» – so der Titel eines Buchs von Yaprak Zihnioğlu über die schon unter Atatürk verhinderte Selbstorganisation des weiblichen Teils der Gesellschaft – besaß schon damals Gültigkeit. Bereits 1951 kehrte die einzige CHP-Abgeordnete Tezer Taşkıran ihrer Partei den Rücken (1935–1939 hatte es immerhin 18 weibliche Deputierte gegeben). Die prominente Schriftstellerin Halide Edip Adıvar hatte als Unabhängige erfolgreich für İzmir kandidiert. Die erklärte Gegnerin des real existierenden Kemalismus sprach von einer «Weißen Revolution» und schlug vor, den 14. Mai zum Nationalfeiertag zu erklären. Die Militärführung war vom Sieg der DP alarmiert. Am Wahlabend soll der Chef des Generalstabs Nafiz Gürman, wohl in Erwartung einer Aufforderung zum Putsch, İsmet İnönü am Telefon gefragt haben: «Mein Pascha, was befehlen Sie?» Die Befürchtungen des Militärs waren nicht grundlos. So pensionierte die neue Regierung zügig 275 von 300 Generälen. Celal Bayar wurde verfassungsgemäß von der Nationalversammlung zum Präsidenten der Republik gewählt. Die drei weiteren wichtigsten Staatsämter erhielten die anderen DP-Gründungsmitglieder: Adnan Menderes wurde Ministerpräsident, Refik Koraltan Präsident der Versammlung und Fuat Köprülü Außenminister. Bayar, Menderes und Koraltan behielten ihre Funktionen bis zum gewaltsamen Ende des «Menderes-Jahrzehnts» am 27. Mai 1960. Nachdem İnönü das Präsidentenamt in aller Form an Bayar übergeben hatte, übernahm er mit dem Vorsitz der CHP die Rolle des Oppositionsführers. Der Übergang zum Parlamentarismus war ohne nennenswerte Störungen geglückt.

Die neue Regierung versprach ein großes Maßnahmenpaket, um die Mängel des früheren Regimes zu korrigieren. Dazu gehörten Erleichterungen für ausländische Investitionen sowie eine Verminderung der Monopole. Besonderes Augenmerk verdiene die Landwirtschaft, in der 80 % der Bevölkerung beschäftigt seien, für die der Staat aber nur 3 % seines Budgets bereitstelle. Des Weiteren stellte sie die Achtung der Religions- und

Gewissensfreiheit in Aussicht sowie baldige Schritte in der Frage des Religionsunterrichts und Höhere Schulen zur Ausbildung von Religionsmännern. Im Abschnitt Außenpolitik des Regierungsprogramms wurde die Treue gegenüber dem Ideal der Vereinten Nationen, den befreundeten USA und den großen Verbündeten England und Frankreich genannt. Priorität hatte eine gesetzliche Regelung für die Wiederzulassung des arabischen Gebetsrufs, nachdem es noch 1947 zu Verhaftungen wegen Missachtung dieser Vorschrift gekommen war. Auch die CHP-Deputierten stimmten dem letzten Punkt zu, indem sie auf die Notwendigkeit einer «Entkriminalisierung» des Themas hinwiesen.

Am 25. Juni 1950 wurde das UN-Mitglied Türkei von der Überschreitung des 38. Breitengrads durch nordkoreanische Truppen überrascht. Daraufhin folgte die Regierung unverzüglich und als zweiter Staat nach den USA dem Ruf Südkoreas nach militärischer Unterstützung. Der Beschluss, eine Infanteriebrigade von 4500–5000 Mann zu entsenden und die Wehrpflicht auf zwei Jahre zu verlängern, erfolgte ohne Beteiligung des Parlaments und verletzte damit Artikel 26 der Verfassung, in dem die Kriegserklärung unter den Funktionen der TBMM aufgezählt wird. Die Korea-Brigade zeichnete sich vor allem in der Schlacht von Kunuri aus, in der sie chinesische Angreifer mehrfach zurückwarf. Bis zum Waffenstillstand am 27. Juli 1953 fielen 721 türkische Soldaten, 672 kehrten verletzt in die Türkei zurück, 1475 wurden in Korea behandelt, 234 gerieten in Gefangenschaft, 175 wurden vermisst. Gegner dieser ersten türkischen Kriegshandlung außerhalb der Grenzen des Nationalpakts (siehe S. 25) kommentierten die Intervention mit dem zynischen Reimspruch: *Minarede ezan, Kore'de kurban* («Der Gebetsruf auf dem Minarett, das Schlachtopfer in Korea»).

Dass sich das neue Regime weder im Hinblick auf die Wählerbasis noch auf die Programmatik allzu stark von der Wende-CHP unterschied, wurde schon dargelegt. Als Regierungspartei verfolgte man freilich entschiedener wirtschaftsliberale Öffnungen. Als Beispiel kann das Investitionsförderungsgesetz genannt werden, das zu den Fünf-vor-Zwölf-Maßnahmen der alten Regierung gehört hatte, jetzt aber in einer Neufassung auch das

Auslandskapital anziehen sollte. Im Hochschulwesen fand ein radikaler Systemwechsel statt. Anstelle des bisher als Vorbild dienenden deutschen Modells wurden in Ankara (*Middle East Technical University*, *Hacettepe Üniversitesi*) und Erzurum (*Atatürk Üniversitesi*) nun Universitäten nach amerikanischem Muster gegründet.

Die ersten drei in der türkischen Publizistik wegen ihrer günstigen wirtschaftlichen Entwicklung so bezeichneten «goldenen Menderes-Jahre» lagen zurück, als bei den Wahlen zur 10. Nationalversammlung im Herbst 1954 noch 58% der Wähler für die DP stimmten. Die CHP, die zuvor zahlreiche wichtige Persönlichkeiten, unter ihnen prominente pensionierte Generäle, als Kandidaten verloren hatte, kam auf 35%. Mit den *Fikir Kulüpleri* (etwa: «Klubs zum freien Gedankenaustausch») bildete sich im Wahljahr zum ersten Mal eine Studentenorganisation, die in Opposition zur Regierung stand.

Gewichtiger war die wachsende Unzufriedenheit im Militär, das rund 400 000 Mann unter Waffen hielt. Von den USA ausgemusterte Patton-Panzer (M 47) hatten zwar die zum Teil noch aus dem Ersten Weltkrieg stammende Feldartillerie ersetzt, doch schritt für viele Offiziere die Modernisierung zu langsam voran. 1954 wurde ein geheimes Abkommen mit den USA zur Errichtung von Militärbasen geschlossen. In einer Rundfunkrede erklärte Außenminister Köprülü: «Der Kalte Krieg geht weiter ...» 1957 spitzte sich ein Konflikt mit Syrien zu, wo die USA eine kommunistische Machtübernahme durch radikale Offiziere befürchteten. Außenminister Dulles sah «die größte Gefahr für uns seit dem Korea-Krieg», wobei bis heute unklar ist, ob die Türkei auf die Amerikaner reagierte und die Absicht hatte, mit Truppen einzugreifen.

Die bevorstehende Unabhängigkeit Zyperns (1960), das 1878 auf unbestimmte Zeit (bei Zahlung eines jährlichen «Tributs») an Großbritannien abgetreten und im November 1914 förmlich annektiert worden war, verschlechterte das Verhältnis zu Griechenland. Als am 6. September 1955 ein Anschlag auf Atatürks damals noch als Geburtsstätte geltendes Wohnhaus in Saloniki gemeldet wurde, kam es in Istanbul zu einer mit Sicherheit staatlich gesteuerten Protestkundgebung, die in pogromartigen Übergriffen gegen griechische Läden und Privathäuser ausuferte. Obwohl das Militär die Unruhen sofort hätte unterdrücken können, wurde erst am folgenden Tag der Ausnahmezustand in Istanbul, İzmir und Ankara erklärt. Menderes sprach von einer «kommunistischen Provokation» und rechtfertigte sich mit der Erklärung, eine Psychose habe das ganze Land erfasst und die Polizei «gelähmt». Im Zuge der Übergriffe verbrannten 29 griechische Kirchen, 14 wurden geplündert. Vor Gericht wurden darüber hinaus Schäden an 26 griechischen und armenischen Schulen, an 4214 Wohnungen und 1004 Läden und Werkstätten registriert.

Bei den vorgezogenen Wahlen im Oktober 1957 fiel die Menderes-Partei erstmals unter die 50% Marke (47, 7%), konnte aber immer noch 70% der Sitze einnehmen. Angesichts einer sich stark verschlechternden Wirtschaftslage wurde diese Verzerrung als besonders ungerecht empfunden. Grundnahrungsmittel wie Zucker waren knapp geworden, der unentbehrliche Kaffee wurde rationiert. Die ausufernden *Gecekondus* in Ankara und Istanbul waren Ausdruck einer massiven Landflucht, an der auch die Ausweitung der Anbaufläche nichts Wesentliches änderte.

Wachsende Auslandsschulden zwangen das Land, Zuflucht beim Internationalen Währungsfonds (IWF) zu nehmen, dem es schon 1947 beigetreten war. Nach einer massiven Abwertung der Lira im August 1958 gewährte der Westen einen Zahlungsaufschub. Ein Jahr später, am 31. Juli 1959, bewarb sich die Türkei wenige Wochen nach Griechenland um die assoziierte Mitgliedschaft in der Europäischen Wirtschaftsgemeinschaft (EWG), «nicht zuletzt, um zu verhindern, dass der Rivale jenseits der Ägäis sich eine vorteilhafte Position im Verhältnis zu Europa verschaffen könnte» (Heinz Kramer). Als der deutsche Wirtschaftsminister Ludwig Erhard kurz danach die Türkei besuchte, lobte er die Regierung nach einer erneuten massiven Abwertung der Lira: «Euer Stabilisierungsprogramm ist gut. Die Türkei muss in den europäischen Markt aufgenommen werden.»

Deutschland hatte sich nach Wiederaufnahme der diplomatischen Beziehungen gleichsam «aus dem Stand» – wie schon 1932–1939 und 1942–1944 – auf den ersten Platz der türkischen Handelspartner gesetzt und beim Aufbau verschiedener Industriezweige (Zement, Kunstdünger, Elektrizitätswerke) erneut eine bedeutende Rolle gespielt.

Nach wie vor fehlte allerdings eine systematische, staatliche und private Interessen berücksichtigende Investitionsplanung. Der Staatsplaner Atilla Sönmez fasste die Bedeutung der Menderes-Zeit für die folgenden Regierungen zusammen: «Die Politik von Menderes war den Bauern zugewandt, zugleich aber wurde sie von der Inflation unterhalten. Um die äußerst unproduktive Landwirtschaft der Türkei mit ihren ertragsarmen Haselnusssträuchern, Getreide, Gemüse und Obst am Leben zu erhalten und die Bauern zufrieden zu stellen, war sie auf Subventionen angewiesen. Um diese Subventionen zu gewähren, hätte man die Städter besteuern müssen, wozu uns aber der Mut fehlte. Demzufolge finanzierten wir sie mittels Inflation. Deshalb wandten wir uns immer wieder an den IWF und nahmen von dort Geld auf. Alle nachfolgenden Politiker, an ihrer Spitze Süleyman Demirel, aber auch Bülent Ecevit, Alparslan Türkeş, Tansu Çiller und Mesut Yılmaz, haben sich als die Erben von Menderes so verhalten.»

Der religionspolitische Kurs der DP war nicht eindeutig: Einerseits etwa meldete 1954 eine Zeitung, dass die vier weiblichen Abgeordneten der DP ein gesetzliches Verbot des Schleiers (*çarşaf*) beantragen wollten. Andererseits vertrat Menderes eine durchaus ambivalente Haltung, wofür als Beispiel sein Auftritt am 7. Januar 1956 in Konya dienen kann, als er verkündete: «Religiöse und weltliche Fragen können niemals getrennt werden. Wir werden bald Religionsstunden an Mittelschulen einrichten und die Gehälter der Imame erhöhen.» Eine Woche später musste er sich in der Presse zurücknehmen: «Meine Rede wurde missverstanden. Wir sind auch für die Trennung von Religion und Politik, aber für Gewissensfreiheit.» Tatsächlich wurde der Religionsunterricht im selben Jahr für die ersten beiden Klassen der Mittelschule zugelassen. Die noch in den ersten

Menderes-Jahren betriebene Verfolgung der Nurcus (siehe S. 42) endete im September 1958 mit einem Freispruch vor einem Gericht in Ankara.

Nachdem bislang eine Art Waffenstillstand zwischen Zivilregierung und Armeeführung geherrscht hatte, begann in den Streitkräften die Nervosität über einen Ministerpräsidenten zu wachsen, der sich von der laizistischen Staatsdoktrin zu verabschieden schien. Ab 1955 wurde in Teilen der Armee eine zunehmende Opposition registriert. Offensichtlich hatte aber Menderes bis zum Ausbruch der irakischen Revolution (Juli 1958), die das Ende der 1953 geschlossenen prowestlichen Verteidigungsallianz der Türkei mit Irak, Iran, Pakistan und Großbritannien («Bagdad-Pakt») bedeutete, noch unbegrenztes Vertrauen in die Generäle («Die würden mich nie stürzen ...»).

Anfang 1960 erreichte der Druck der Regierung auf die Opposition und die ihr nahestehende Presse einen Höhepunkt. Die TBMM-Mehrheit beschloss eine Untersuchung gegen die CHP «wegen Volksverhetzung» mit dem Ziel, ihre politische Betätigung für drei Monate zu verbieten. Zu diesem Zweck wurde am 18. April eine Parlamentskommission, die nur aus DP-Mitgliedern bestand, eingerichtet, weil, so Menderes, «die Justiz ihrer Aufgabe nicht nachkam». İnönü erklärte am selben Tag: «Freunde, wenn die Bedingungen reif sind, ist eine Revolution rechtens.» Nach schweren Auseinandersetzungen zwischen Studenten und der Polizei in Istanbul mit zwei Todesopfern wurde für drei Monate der Ausnahmezustand ausgerufen. Während einer Tagung des NATO-Ministerrats in Istanbul kam es zu weiteren studentischen Kundgebungen. Am 25. Mai wurden sämtliche Hochschulen geschlossen, ein Versammlungsverbot für alle Gruppen über fünf Personen und eine nächtliche Ausgangssperre erlassen. Zwei Tage später, am 27. Mai 1960, verkündeten die Streitkräfte im Sender Ankara, sie hätten «unblutig die Verwaltung des Landes übernommen, um einen Bruderkrieg zu verhindern». Menderes, der sich «von einem Verteidiger der Demokratie zu ihrem Brandstifter gewandelt hatte» (Şevket S. Aydemir), wurde in Kütahya verhaftet.

Die Motive der Obristen und niederrangigen Offiziere, die

Menderes stürzten, waren, so wird meist hervorgehoben, ideologischer Natur. Die Putschisten – ausnahmslos Männer, die wie Alparslan Türkeş (1919–1997) ihre prägenden Jahre im Hochkemalismus erlebt hatten – hätten als «Korrekturrevolutionäre» gehandelt, um das bedrohte Vermächtnis Atatürks zu sichern. Auch wird die Frustration über veraltete Bewaffnung und bürokratische Strukturen als Ursache genannt. Andere Beobachter sprachen von opportunistischen Beweggründen wie etwa eingeschränkten Aufstiegsmöglichkeiten unterhalb der Generalität.

7. Verlorene Jahrzehnte? (1960–1980)

Die Obristen-Junta bildete ein «Komitee der Nationalen Einheit» (*Milli Birlik Komitesi*, MBK) aus 38 Offizieren aller Waffengattungen, das in einer Verlautbarung beiläufig, aber zutreffend von der Gründung einer «Zweiten Republik» sprach. Schon einen Tag nach dem Putsch, am 28. Mai 1960, erklärte das höchste Gremium der Istanbuler Universität die Aktion des MBK für rechtens. Dieses als «säkulares Fetva» in die Geschichte eingegangene Papier war die Vorstufe zu einem Entwurf für eine neue Verfassung, der den Militärs im Oktober zugestellt wurde. Am 14. Oktober begann auf der Marmara-Insel Yassıada der Prozess, bei dem sich 592 Angeklagte, unter ihnen so gut wie alle DP-Abgeordneten, verantworten mussten. Während der elfmonatigen Verhandlungen wurde eine große Zahl von Anklagepunkten vorgebracht: Mord und Machtmissbrauch in der Zeit vom 28. April bis 27. Mai, verfassungswidrige Handlungen gegen die Opposition, die Ereignisse vom 6. und 7. September 1955 (siehe S. 86 f.), Rechtswidrigkeiten bei den Wahlen im Jahr 1957, die Heranziehung der Religion zu parteipolitischen Zwecken, die Schaffung der «Vaterländischen Front» mit dem Ziel, die türkische Bevölkerung zu spalten. Berechtigte und absurde

Korruptions- und Unterschlagungsvorwürfe ergänzten die politischen Punkte. Am Ende wurden 14 Angeklagte, an erster Stelle Bayar, «wegen des Versuchs, die Verfassung der Republik Türkei gewaltsam zu verändern und durch eine andere zu ersetzen und sie aufzuheben», einstimmig nach Artikel 146/1 des Strafgesetzbuchs zum Tode verurteilt. Menderes und zwei Minister wurden 1961 hingerichtet, Bayar aus Altersgründen verschont. 31 Personen erhielten lebenslängliche Haftstrafen.

Die neue Verfassung war in mancher Hinsicht ein respektables, zum Teil an das Grundgesetz der Bundesrepublik Deutschland angelehntes Werk. Für die Anhängerschaft von Menderes gilt sie allerdings bis heute als ein bloßes «Etikett mit der Aufschrift Revolution», um den Putsch zu legitimieren. Zu ihren wichtigsten Kennzeichen gehörten die auf zwei Kammern aufgeteilte Legislative (TBMM = Nationalversammlung + Senat) und ein Verfassungsgericht. Der Senat bestand aus 150 für sechs Jahre gewählten und 15 vom Präsidenten bestimmten Personen. Die Mitglieder des «Komitees der Nationalen Einheit» galten auf Lebenszeit als «natürliche Mitglieder» der «Ersten Kammer». Neben dieser Besonderheit war das Verfassungsgericht für seine Kritiker ein Verstoß gegen das Prinzip der Gewaltenteilung, weil es durch sein Veto Regierungs- und Parlamentsbeschlüsse für unwirksam erklären konnte (siehe S. 109). Außerdem wurde ein «Nationaler Sicherheitsrat» (*Milli Güvenlik Kurulu*, MGK) geschaffen, der bis zur Verfassungsreform des Jahres 2001 mehrheitlich aus Militärs bestand. Er hatte die Aufgabe, «dem Ministerrat die notwendigen grundlegenden *Empfehlungen* zu geben, um ihm bei Entscheidungen, welche die nationale Sicherheit und Gleichordnung betreffen, behilflich zu sein». Aus den genannten Empfehlungen wurden in der Folge meist bindende Beschlüsse (siehe S. 110).

Am 7. Juli 1961, noch vor Abschluss des Yassıada-Verfahrens, stimmten bei einem Referendum weniger als zwei Drittel (61,7%) der Wähler der Verfassung zu. Die Gegner konzentrierten sich in den ehemaligen DP-Hochburgen im Westen des Landes. Bei den ersten allgemeinen Wahlen unter dem neuen Regime, für die jetzt das Verhältniswahlsystem galt, trat die «Gerechtigkeitspartei» (*Adalet Partisi,* AP) an, die allgemein als Erbin der verbotenen DP betrachtet wurde. Das Ergebnis war ein knapper Vorsprung der von İnönü geführten CHP (36,7 %) vor der AP (34,7 %). Diese vom Militär durchaus nicht begrüßten Zahlen konnte man als posthumen Sieg von Menderes deuten, auch wenn die ganze Organisation der AP noch in ängstlicher Wartestellung verharrte. Nachdem der volkstümliche, von den Putschisten als Aushängeschild benutzte General Cemal Gürsel zum Präsidenten gewählt worden war, bildete İnönü die erste Koalitionsregierung der nun 40-jährigen Republik. In Anlehnung an die – allerdings mit bedeutsamen Einschränkungen – bis 1980 gültige Verfassung wurden Gesetze über Gewerkschaften bzw. Streik und Aussperrung verabschiedet.

Als ein wichtiger Bestandteil der Verfassung von 1961 galt ein Artikel über Entwicklungspläne und eine staatliche Planungsorganisation, in dem es hieß: «Der wirtschaftlichen, sozialen und kulturellen Entwicklung liegt eine Planung zugrunde.» Damit war der Übergang von der «Gemischten Wirtschaft» zur von türkischen Ökonomen sogenannten «Zweiten merkantilistischen Periode der Türkei» zwischen 1963 und 1980 eingeleitet. Die wirtschaftliche und soziale Ausgangslage zu Beginn der ersten Planungsphase zeigte noch alle Merkmale eines unterentwickelten Landes.

Die unter Mitwirkung der OECD erarbeiteten Planziele strebten in Fünf-Jahres-Abschnitten Investitionen in Höhe von 18 % des Budgets an, wobei 14 % aus eigener Leistung und 4 % durch Auslandskredite aufgebracht werden sollten. Die beiden ersten Planperioden verliefen einigermaßen zufriedenstellend, während der dritte Abschnitt durch die Ölkrise des Jahres 1973, das Zypern-Problem und das daraus resultierende US-Embargo nicht wunschgemäß ausfiel (siehe S. 97). Im September 1963 wurde das folgenreiche Assoziierungsabkommen mit der Europäischen Wirtschaftsgemeinschaft (EWG) unterzeichnet, das am 1. Dezember 1964 in Kraft trat. Es zielte auf die Errichtung einer Zollunion zwischen der Türkei und der EWG und stellte eine Mitgliedschaft in Aussicht. Der Präsident der EWG-Kommission, Walter Hallstein, rief dabei aus: «Die Türkei ist ein Teil

Europas ... Die Türkei soll vollberechtigtes Mitglied der Gemeinschaft sein.» Heinz Kramer wies darauf hin, dass durch solche Äußerungen «gewollt oder ungewollt» überdeckt wurde, dass es zwischen den EWG-Ländern erhebliche Meinungsunterschiede über Sinn und Zweck der Türkei-Assoziation gab: «Zudem riefen sie auf türkischer Seite unrealistische Erwartungen über die Kooperationsbereitschaft der europäischen Partner hervor, die bis heute nachwirken. Man darf aber nicht übersehen, dass in jener Zeit Personen wie Hallstein unter ‹Europa› natürlich nur das ‹freie› Europa verstanden, das ein fester Teil der westlichen Allianz war ... Europäische Identität wurde damals, anders als heute, in Abgrenzung zum ‹kommunistischen Machtbereich›, nicht aber primär in Abgrenzung zur ‹islamischen Welt› definiert.»

Der erste Vorsitzende der AP als der wichtigsten Regierungs- und Oppositionspartei der kommenden zwei Jahrzehnte war der pensionierte General Ragıp Gümüşpala. Dem politischen Neuling gelang es durch sein verbindliches Wesen, die außerordentlich inhomogene AP mit einem beachtlichen Ausmaß an innerparteilicher Demokratie aufzubauen. Eine als «Ehe» bezeichnete Koalition zwischen der CHP und der AP nach einer «Hochzeit im Schatten der Waffen» (William Hale) hielt nur sieben Monate (November 1961–Juni 1962). Gümüşpala übernahm selbst keinen Kabinettsposten. Sein unerwarteter Tod im Jahr 1964 zwang die Partei angesichts der bevorstehenden Wahlen zu einer raschen Lösung. Die Delegierten mussten zwischen zwei aus der Provinz Isparta im westlichen Inneranatolien stammenden Personen wählen, die für die Hauptrichtungen der türkischen Rechts-Mitte-Parteien standen: Aussichtsreich schien der 1920 geborene Arzt Sadettin Bilgiç, der sich selbstbewusst einer langen Reihe von Religionsmännern unter seinen Vorfahren rühmte. Er hatte die frühe Republik mit ihrer bürokratischen, realitätsfernen Gesundheits- und Wirtschaftspolitik erlebt. Da er als zu eng mit der DP verbunden galt und damit das Misstrauen der Militärführung hätte provozieren können, machte der 1924 (das heißt schon als Kind der Republik) geborene Bauernsohn Süleyman Demirel das Rennen.

Bevölkerung und Wirtschaft 1962

Gesamtbevölkerung		28 Millionen
Jährliches Bevölkerungswachstum		3%
Landbevölkerung		73%
Anteile des Bruttosozialprodukts	Landwirtschaft	42%
	Industrie	23%
	Dienstleistungen	35%
Einfuhren/Ausfuhren (in Millionen US-Dollar)		509/347
Analphabetismus		60%
Trinkwasserzugang auf dem Dorf/in den Städten		53/55%
Elektrizität		31%
Kindersterblichkeit innerhalb des ersten Lebensjahrs		165 von 1000
Ärzteversorgung		1 Arzt auf 4000 Menschen
Tuberkulosekranke		2,5%
Unzumutbare Wohnungen in den Städten		30%
Einzimmerwohnungen in den drei größten Städten		30%

Demirels Familie hatte weder Wurzeln im Militär noch im Großgrundbesitzertum und schickte den Knaben auf eine staatliche Schule. Nachdem er sein Studium an der Istanbuler Technischen Universität abgeschlossen hatte, war er als einer der ersten türkischen Absolventen mit einem *Eisenhower Exchange Fellowship* zur Fortbildung in die USA gegangen. Als 31-Jähriger hatte er es zum Generaldirektor der staatlichen Wasserbehörde gebracht und sich den Beinamen eines «Königs der Staudämme» erworben. Sein größter Vorteil war, dass er sich bis 1962 von der Politik ferngehalten hatte. Anders als seine Konkurrenten um den Parteivorsitz galt er weder als extremer Nationalist noch als islamischer Konservativer. In Industriellenkreisen und in großen Teilen der Presse wurde die Wahl eines Technokraten begrüßt. Insgesamt sieben Amtszeiten lang pflegte er als Ministerpräsident den Dialog mit den Menschen «draußen im Lande». Er galt trotz seines typischen Filzhuts als Anatolier, der sich auf den Marktplätzen an den Dialekt der Gegend anpasste, bewusst sprachliche Archaismen wählte und gerne hervorhob, dass sein Vater ein «Mann der Erde war mit Schwielen an den Händen».

Das von der CHP-nahen Presse geprägte, herabsetzend gemeinte Wort vom *Sülü Çoban* («Klein-Süleyman, der Schafhirt») stellte sich am Ende als für ihn nützliche Propaganda heraus. Islam und Säkularismus waren für ihn nicht unvereinbar: «Der Staat kann laizistisch sein, aber die Nation kann nicht ohne Religion existieren.» So setzte Demirel den religionspolitischen Kurs der DP fort. In einem Land, das die Lektüre des Kommunistischen Manifests erlaube, dürfe man das Studium der *Risale-i Nur* nicht verbieten. Als Wirtschaftspolitiker bekannte er sich bis in die 1990er Jahre zu dem türkischen Weg eines gemischten Entwicklungsmodells. Bei allen Einwänden gegen seinen notorischen Opportunismus darf nicht übersehen werden, dass er sorgfältig vermied, die Armee mit heiklen Themen wie der Rehabilitierung der alten DP oder der Kritik an der Verfassung von 1961 aus ihrer Reserve zu locken.

Der Weg zur ersten Regierung unter einem AP-Ministerpräsidenten war kurz. 1965 gewann Demirels Partei nach drei İnönü-Kabinetten und einer Koalitionsregierung unter dem unabhängigen Senator Suat Hayri Ürgüplü (der freilich auf der AP-Liste von Kayseri stand und ein Kabinett mit zehn Ministern der AP bildete) die Parlamentswahlen mit deutlichem Vorsprung. Bei einer für türkische Verhältnisse geringen Beteiligung (71 %) erzielte die AP die absolute Mehrheit mit 52,87 % bzw. 240 Deputierten. Die CHP hatte das historisch schlechteste Ergebnis mit 134 Sitzen. Zum ersten Mal befand sich mit der «Türkischen Arbeiter Partei» (*Türkiye İşçi Partisi,* TİP) eine sozialistische Gruppierung mit 15 Abgeordneten im Parlament. Während die TİP zunächst einen «Sozialismus mit einem lächelnden Angesicht» propagierte, übernahmen nach 1969 Moskau-hörige Funktionäre das Ruder der zunehmend bedeutungslosen Partei.

Die seit den 1970er Jahren verschärfte Links-Rechts-Polarisierung und eine ausweglose Wirtschaftslage, die mit den Stichwörtern Inflation, Arbeitsniederlegungen und Devisenmangel nur angedeutet werden kann, erzeugten eine anhaltende Krise. Am 12. März 1971 hatten die militärischen Mitglieder des Nationalen Sicherheitsrats eine «Denkschrift» (*muhtira*) veröffentlicht, in der sie dem Parlament und der Regierung vorwarfen, Atatürks Ziele verraten zu haben. Wenn die in der Verfassung vorgesehenen Reformen im Geiste Atatürks nicht durchgeführt würden, seien die Streitkräfte entschlossen, «ihre ihnen durch die Gesetze zugewiesene Pflicht des Schutzes und Bestandes der Türkischen Republik zu erfüllen und die Führung der Staatsangelegenheiten selbst zu übernehmen». Das Ergebnis dieses *Pronunciamento* waren zwei Jahre, in denen sich die Militärs die Herrschaft mit der Zivilregierung teilten und das Parlament zu einer Verfassungsänderung zwangen, die zu zahlreichen Einschränkungen von Grundrechten und Grundfreiheiten, alles Errungenschaften von 1961, führte. Vor allem Gewerkschaftler und linke Studenten waren von Massenverhaftungen betroffen. Zwischen dem 15. Mai 1972 und dem 12. September 1980 wurden insgesamt 16 Mal Politiker mit der Regierungsbildung beauftragt, sieben Mal mussten sie erklären, dass sie dazu nicht in der Lage seien, in zwei Fällen regierten Ministerpräsidenten ohne das Vertrauensvotum, das nur sieben Mal von der Versammlung erteilt wurde. Unter Bülent Ecevit (1925–2006), dem mehrfachen Ministerpräsidenten in den Jahren 1974, 1977 und 1978–1979, erfuhr die CHP einen deutlichen Ruck nach «links von der Mitte», ohne jemals die absolute Mehrheit der Wählerstimmen zu erobern. Ecevit hatte einen bildungsbürgerlichen Hintergrund, sein Vater war Medizinprofessor, seine Mutter Malerin. Nach Studien an dem amerikanisch geprägten Robert College in Istanbul ging er zunächst nach London, wo man ihn als «young poet» und literarischen Übersetzer kannte. In der CHP war er über das Amt des Generalsekretärs 1972 zum Vorsitzenden aufgestiegen. Als Vertreter eines sozialdemokratischen und zugleich im Hinblick auf die Annäherung an die Europäische Gemeinschaft zögerlichen Kurses gewann er die Wahlen im Oktober 1973. Mit Necmettin Erbakan (1926–2011), dem Führer der religiös ausgerichteten «Nationalen Heilspartei» (*Milli Selamet Partisi*, MSP), als «Königsmacher» wurde er Ministerpräsident. Sein kurzes erstes Wirken als Regierungschef wird bis heute vor allem mit der sogenannten «Zypern-Friedensoperation» verbunden.

Für die türkische Politik und eine breite Öffentlichkeit war die Zypern-Frage seit Jahrzehnten eines der wichtigsten Themen. Menderes war es nicht gelungen, Griechenland zu einer Teilung der Insel zu bewegen, er stimmte aber 1959 einer vorläufigen Regierung unter Makarios zu. Nachdem die britische Kronkolonie im April 1960 die Unabhängigkeit erlangt hatte, wurde eine Regierung gebildet, in der auch Minister der türkischen Minderheit (18,3 % von ca. 573 000 Einwohnern) saßen. Fazıl Küçük wurde zum Vizepräsidenten ernannt. Blutige Auseinandersetzungen zwischen den auf die ganze Insel verteilten Volksgruppen erreichten Ende 1963 ihren Höhepunkt. Das ohnehin gestörte Verhältnis zu Griechenland wurde in diesen Jahren schier irreparabel beschädigt. Als Ankara drohte, seinen Schutzbefohlenen mit militärischen Mitteln beizustehen, richtete der amerikanische Präsidenten Lyndon B. Johnson ein Schreiben an İnönü, in dem er die Türkei ermahnte, sich in Zypern nicht einzumischen. Inhalt und Ton des erst 1966 bekannt gegebenen Briefs zerrütteten die türkisch-amerikanischen Beziehungen für Jahre (ein Waffenembargo wurde erst 1975 und dann nur teilweise aufgehoben). Nach Angriffen der zyprisch-griechischen Armee auf türkische Dörfer wurde Ende 1967 eine «vorübergehende» türkische Selbstverwaltung ausgerufen. Am 15. und 16. Juli 1974 führte ein vom Athener Obristen-Regime organisierter Staatsstreich zur Entmachtung von Makarios. Nikos Sampson, ein Anhänger des Anschlusses an Griechenland (*Enosis*), erklärte sich zum Präsidenten. Daraufhin landeten am 20. Juli türkische Truppen auf Zypern, die zwar auf Vermittlung der UNO nach zwei Tagen die Kämpfe einstellten, bei einem zweiten Vorstoß bis zum 16. August jedoch rund 40 % des Territoriums nördlich der sogenannten Attila-Linie einnahmen. Die Türkei berief sich dabei auf ihr Interventionsrecht nach dem Londoner Zypern-Abkommen von 1959. Etwa ein Drittel der 640 000 Einwohner der Insel musste Städte und Dörfer verlassen: 180 000 Griechen zogen in den Süden, 45 000 Türken in den Norden der Insel, der in der Folge ein völkerrechtlich prekäres Anhängsel der Republik Türkei wurde. Einen Monat später zerbrach die Koalition Ecevit-Erbakan, vordergründig weil Ecevit bei einer Auslandsreise

Erbakan nicht mit der Vertretung beauftragt hatte, eigentlich, weil diesem der Ministerpräsident in der Zypern-Frage nicht radikal genug vorging.

Süleyman Demirel begab sich im Folgenden mit wechselnden Koalitionen (1975–1977, 1979–12. September 1980) in einen permanenten Machtkampf mit Ecevit. Beide Politiker gingen Bündnisse mit Necmettin Erbakan ein, der seine Wähler seit 1973 in weniger entwickelten Gegenden unter kleinen Geschäftsleuten und Handwerkern (*esnaf*) rekrutierte und auch im Osten wegen seines schwächeren nationalistischen Profils unter Kurden viele Anhänger fand. Der habilitierte Maschinenbauingenieur Erbakan mobiliserte mit seiner Kampagne für einen gemeinsamen islamischen Markt, eine starke türkische Rüstungsindustrie («Panzer gegen Öl») sowie einem massiven Antisemitismus («Seit 5700 Jahren regieren die Juden die Welt») große Teile der nationalreligiösen Wählerschaft.

Darüber hinaus holte Demirel zweimal den ultrarechten Alparslan Türkeş (siehe S. 90) in Kabinette der «Nationalen Front». Der auf Zypern geborene Türkeş war einer der wichtigsten, jedoch bald ausgegrenzten Akteure des 27. Mai 1960. Als Führer der 1969 gegründeten «Nationalen Aktionspartei» (*Milli Hareket Partisi,* MHP) ließ er sich mit dem alttürkischen Titel *başbuğ* («Kommandant») ansprechen. Symbol der Partei war der «Graue Wolf», eine Figur aus der vorislamischen Mythologie Zentralasiens. Bald erweiterte er seine großtürkischen Visionen («Eine Türkei von der Adria bis China») um islamische Bekenntnisse. Die jugendlichen Anhänger der MHP waren in den unruhigen 1970er Jahren entscheidend an den alltäglichen Terroraktionen gegen Liberale und Linke beteiligt, gerieten aber auch schnell in Konflikt mit Erbakans Gefolgschaft.

Seit 1976 erschütterten zahlreiche Anschläge das Land. Am 1. Mai 1977 lösten während der Veranstaltung des «Revolutionären Gewerkschaftsdachverbands» DİSK auf dem Taksim-Platz in Istanbul Schüsse von Hausdächern eine Panik aus. Dabei kamen 34 Menschen zu Tode. Die Provokateure wurden nie identifiziert. Im südosttürkischen Kahramanmaraş fielen im Dezember 1978 mehr als 100 Menschen, überwiegend Aleviten, einem regelrechten Pogrom zum Opfer, etwa 300 wurden verwundet, 500 Häuser und Läden zerstört. Im Juli 1980 riefen rechtsreligiöse Gruppen nach einem Anschlag auf eine Moschee im zentralanatolischen Çorum zum «Glaubenskrieg» (*Cihad*) gegen Aleviten auf. 56 Tote, 200 Verletzte und fast 300 verbrannte Gebäude waren die Bilanz allein dieser Ausschreitungen. Die Zeitungen brachten nur noch große Schlagzeilen, wenn prominente Politiker, Akademiker oder Journalisten (wie der Chefredakteur der Zeitung *Milliyet* Abdi İpekçi am 1. September 1979) vor allem des linksliberalen Spektrums zu Tode kamen. Bis zum September 1980 verzeichnete man 5713 Tote und 18 480 Verletzte – mehr Opfer als der Unabhängigkeitskrieg gekostet hatte. Auch die wirtschaftliche Situation war Ende des Jahrzehnts aufgrund fehlender Devisen so trostlos, dass Beobachter spekulierten, die Armee könne erst zu einem Zeitpunkt intervenieren, wenn wieder genügend Treibstoff für ihre gepanzerten Fahrzeuge zur Verfügung stehe. Für den Normalverbraucher war der Mangel an Grundnahrungsmitteln sowie an Benzin und Flaschengas eine jahrelange Realität.

Das schon länger erwartete Eingreifen der Streitkräfte unter Kenan Evren (geb. 1917), dem Generalstabschef und Vorsitzenden des Sicherheitsrats, erfolgte am 12. September 1980. Dies führte zunächst zum Sturz des letzten Kabinetts Demirel und bescherte der Türkei nach zweijähriger Quasi-Diktatur 1982 eine autoritäre, bis 2012 nur in Teilen liberalisierte Verfassung. Nach dem Putsch, der im Großen und Ganzen unblutig verlief, wandte sich Evren im Rundfunk an die Nation: Äußere und innere Feinde bedrohten ihre Existenz. Destruktive und separatistische Brandstifter könnten nach Belieben vorgehen. Reaktionäre und andere perverse Ideologien seien an die Stelle des Atatürkismus getreten. Verantwortlich seien die politischen Parteien «mit ihrem sterilen Gezänk und ihrer unversöhnlichen Haltung». Die Intervention habe zum Ziel, die Einheit des Landes zu bewahren, den nationalen Zusammenhalt zu gewährleisten, einem möglichen Bruderkrieg vorzubeugen und die Autorität und Existenz des Staates aufs Neue zu begründen und so die Hindernisse zu beseitigen, die einem Funktionieren der demokratischen Ordnung im Wege stünden. Das Militärdienstrecht verpflichte die Streitkräfte, «die Türkische Republik zu bewahren und zu beschützen».

Als sofortige Maßnahmen gab Evren die Auflösung von Parlament und Regierung, die Aufhebung der Immunität der Abgeordneten und die Verkündung des Staatsnotstands im ganzen Land bekannt. Zunächst wurde der Coup von allen Kommentatoren begrüßt. Während linke Publizisten fast beschwörend eine Korrekturrevolution «à la 27. Mai (1960)» herbeischreiben wollten, stellte die Rechte mit Genugtuung fest, dass am 12. September die Befehlskette von oben nach unten – im Gegensatz zu 1960 – funktioniert habe. Auf dieser Seite des politischen Spektrums erwartete man ein Präsidialsystem mit wenigen, moderaten Parteien. Dass Washington die Entwicklung wohlwollend verfolgte, steht außer Zweifel. In den Monaten vor dem Coup hatte sich das Verhältnis der USA zu Ankara verbessert. Der Sturz des iranischen Schahs und der Einmarsch der Sowjetunion in Afghanistan (1979) hatten ohne türkisches Zutun die geostrategische Bedeutung des Landes deutlich aufgewertet. Im Licht heutiger Erkenntnisse ist es indes unzutreffend, dass der 12. September 1980 ein Produkt *Made in USA* oder gar der CIA war. Es ist ebenso unzutreffend – obwohl das zunächst viele Beobachter annahmen –, dass eine Protestveranstaltung in Konya am 6. September, die von Necmettin Erbakan und seinen Anhängern gegen die israelische Annexion Ostjerusalems organisiert worden war, den Coup ausgelöst hatte, auch wenn die dort entfalteten Spruchbänder offen gegen den laizistischen Charakter der Republik verstießen.

8. Vom Putsch des Generals Evren bis zu den Wahlsiegen Erdoğans (1980–2012)

Nach dem 12. September 1980 erfüllten sich viele Erwartungen des rechten Spektrums. Die vom Militär zusammengestellte «Gründungsversammlung» (*Danışma Meclisi*) bereitete einen vom Sicherheitsrat überarbeiteten Verfassungsentwurf vor, der dann in einem Referendum am 7. November 1982 mit 91,3 % der Stimmen Zustimmung fand. Mit demselben Volksentscheid wählten die Türken den bisherigen Staatspräsidenten Kenan Evren zum siebten Präsidenten der Republik. Gleichzeitig wurden 700 Personen vom politischen Leben ausgeschlossen. Evren war überzeugt, dass seine Form von «Atatürkismus» als eine Art türkischer Dritter Weg das Land und seine Jugend gleichermaßen vor den Gefährdungen durch Kommunismus und Islamismus bewahren werde. Im System der «gelenkten Demokratie» (*Güdümlü Demokrasi*) wurde der Unterricht in Religion und Ethik in den ersten zwei Stufen des Schulsystems mit den Pflichtfächern gleichgestellt. Damit versuchte man, den Islam als nationales Bindemittel, vor allem zwischen der sunnitischen Mehrheit und der alevitischen Bevölkerungsgruppe, einzusetzen. Über diese vordergründige Instrumentalisierung der Religion hinausgehend bahnte sich noch eine im Milieu des konservativen «Intellektuellen-Forums» *(Aydınlar Ocağı)* entwickelte staatliche Version der «türkisch-islamischen Synthese» an. Die innige Verbindung von Nation und Religion habe dem Osmanischen Reich als einem der größten und langlebigsten Imperien der zivilisierten Welt Seele, Gestalt und Kraft verliehen. Bei einer Abwendung vom Islam verliere das Türkentum seine Identität, wie Beispiele an der Peripherie der türkischen Welt schmerzlich bewiesen hätten. Das Militär beeilte sich nach 1980, wichtige Institutionen wie den Hochschulrat (YÖK) und den Rundfunk (TRT) mit Anhängern der türkisch-islamischen Synthese zu besetzen. Selbst die Staatsplanungsorganisation nahm die Doktrin von der «türkisch-islamischen Synthese» in einen «Nationalen Kulturplan» auf. Der Militarismus der kommenden zwei Jahrzehnte richtete sich zunehmend gegen den «Feind im Inneren». So wurde der Begriff «Nationale Sicherheit» nach dem 12. September im Sinne eines «Schutzes der Ruhe und Sicherheit der Gesellschaft» neu definiert. Parallel dazu verstärkte sich der Prozess der Kastenbildung des Offizierskorps, das in Institutionen wie der «Armeehilfsorganisation» (*Ordu Yardımlaşma Kurumu*, OYAK) ein lukratives Betätigungsfeld fand. Die 1961 durch ein Sondergesetz geschaffene OYAK entwickelte sich zu einer mächtigen Holding, vor allem in der Automobilindustrie, für die 1990 schon 23 000 Angestellte tätig waren. Ihre Gewinne dienen zur Aufbesserung der Pensionen von Offizieren und Unteroffizieren.

Nach dem 12. September 1980 wurden zahlreiche linke und einige rechte Organisationen zerschlagen. Über 517 Menschen wurden zum Tode verurteilt, an 26 politischen Angeklagten wurde die Strafe vollstreckt. Es gab Tausende von Verhaftungen, und unter der Folter fanden nachweislich 171 Menschen den Tod. Etwa 14 000 Türken wurde die Staatsangehörigkeit entzogen, 30 000 suchten nach einer Erhebung der Zeitung *Cumhuriyet* den Weg ins europäische Exil. Die mehr oder weniger freiwillige Auswanderung zahlreicher Akademiker und Künstler erzeugte einen auf Jahre spürbaren kulturellen Kahlschlag.

Der Gewerkschaftsdachverband DİSK erhielt ein zwölfjähriges Betätigungsverbot. Nach drei Jahren, in denen Streiks verboten waren, verloren die türkischen Arbeitnehmerorganisationen ihr klassenkämpferisches ideologisches Profil. Ihr Organisationsgrad war gering, zumal nur ein Bruchteil der Arbeitnehmer in tarifvertraglichen Beschäftigungsverhältnissen stand und steht.

Die 13 zivilen Kabinette zwischen 1983 und der «Erdrutschwahl» von 2002 wurden ausnahmslos misstrauisch vom Militär beobachtet, zugleich aber wachte die oberste Justiz über die Einhaltung der kemalistischen Prinzipien. Mit einem neuen Parteiengesetz kam es im Mai 1983 zur Gründung einiger neuer politischer Organisationen, unter denen allerdings nur die vom Militär favorisierte und von einem Ex-General geführte «Nationaldemokratische Partei» (*Milliyetçi Demokrat Partisi*), die «Vaterlandspartei» (*Anavatan Partisi*, ANAP) als liberal-konservative sowie die «Populistische Partei» (*Halkçı Parti*, HP) als Links-Mitte-Partei zugelassen wurden. Bei den Parlamentswahlen im November errang zur Enttäuschung des Militärs die ANAP nahezu die Hälfte der Stimmen (45,15 %) und die absolute Mehrheit im Parlament. Auch die HP übertraf mit 30,27 % die *Milliyetçi Demokrasi Partisi* (23,27 %), die bald darauf von der Bildfläche verschwand. Die Vorstellungen der Armeeführung von einer nach ihren Plänen entworfenen Parteienlandschaft erwiesen sich als ein steriles Sandkastenspiel. Lediglich die ANAP als Erbin der DP-AP-Wählerschichten konnte sich auf längere Zeit behaupten. Unter Turgut Özal bildete sie zwei Kabinette und sollte bis 1991 die dominante politische Kraft bleiben.

Der Wirtschaftsfachmann Özal, wie Demirel und Erbakan ein studierter Ingenieur, wiederholte die Parolen rechtsgerichteter Politiker von einer «Groß-Türkei» und einer «Starken Türkei» in einem verhältnismäßig realistischen Zusammenhang (Tanıl Bora). Präsident Evren misstraute Özal jedoch wegen dessen Verbindungen zur orthodoxen Nakşbendi-Bruderschaft. Özal, der schon vor dem 12. September 1980 an der Konzipierung eines Wirtschaftsreformprogramms maßgeblich beteiligt war, gilt als der Begründer der liberalen Phase der türkischen Volkswirtschaft. Freilich übernahm der Staat weiterhin wichtige Planungsaufgaben. Zudem gab es nach wie vor eine große Zahl von Betrieben in öffentlichem Besitz bzw. mit staatlicher Mehrheitsbeteiligung. Schließlich wurde allerdings auch die liberalisierte Türkei nicht von schweren (1991, 1994) und schwersten (2000/01 mit einem Verlust von einem Viertel des Bruttosozialprodukts des Landes) Finanz- und Wirtschaftskrisen verschont.

Bei den allgemeinen Wahlen Ende 1987 konnte die ANAP ihr gutes Ergebnis von 1983 nicht wiederholen (36,4 %). Die «Sozialdemokratische Volkspartei» (*Sosyal Demokrat Halkçı Parti*, SHP) fuhr weniger als ein Viertel der Stimmen ein, die ideologisch verwandte «Demokratische Linkspartei» (*Demokrat Sol Partisi*, DSP), geführt von Ecevits Frau Rahşan, blieb außen vor, da sie mit 8,5 % die Zehn-Prozent-Hürde nicht überwand (die

SHP hatte eine Zusammenarbeit mit der DSP vor den Wahlen abgelehnt). In einem vorausgehenden Referendum über die Wiederzulassung der Altpolitiker hatten gerade 50,24 % der Wähler ihre Zustimmung gegeben. Die Zehn-Prozent-Hürde hinderte vorerst auch die «Wohlfahrtspartei» (*Refah Partisi*, RP) als Nachfolgerin von Erbakans «Heilspartei» am Einzug ins Parlament. Bei Kommunalwahlen im Frühjahr 1989 setzte sich der Abwärtstrend der ANAP fort, während die RP jetzt sehr nahe an die entscheidenden 10 % heranrückte.

Der Wahlkampf des Jahres 1987 war von der verschärften Debatte um die Kopfbedeckung von Frauen in öffentlichen Räumen wie Schulen, Krankenhäusern und Behörden bestimmt. Das Verfassungsgericht hatte ein Gesetz zur Zulassung des Kopftuchs zurückgewiesen, was die Regierung jedoch nicht entmutigte, Ende 1990 einen zweiten Vorstoß zu unternehmen. Jedermann wusste, dass es in der Bevölkerung eine breite Befürwortung des Kopftuchs gab. Eine bemerkenswerte Neuerung der Özal-Jahre bestand darin, dass sich der Regierungschef das Recht nahm, mit Necip Torumtay einen Generalstabschef selbst zu bestimmen, und dadurch mit der Tradition brach, der Armee die Auswahl der höchsten Militärs zu überlassen. Trotzdem war darunter nicht unbedingt ein vollständiger Sieg ziviler Kräfte über das Militär zu verstehen, hatte sich Evren doch, wie man später erfuhr, mit Özal abgesprochen. Nach Ausbruch des Golfkriegs trat Torumtay als 20. Generalstabschef der Republik am 3. Dezember 1990 zurück, weil er Özals USA-freundliche Außenpolitik missbilligte. Diese Personalien sind als erste Vorzeichen eines 20 Jahre später deutlicheren Bedeutungsverlustes der Streitkräfte zu verstehen. Zunächst verfügten sie freilich weiterhin – ohne parlamentarische Kontrolle – nicht nur über das Verteidigungsbudget, sondern bestimmten auch ohne Rückfragen an die Regierung über so wichtige Themen wie Waffenlieferungen und Wehrdienstdauer. Die zweitgrößte NATO-Armee zog Mitte der 1990er Jahre im Drei-Monats-Rhythmus durchschnittlich 125 000 Männer ein. 1997 hatte sie eine Gesamtstärke von 737 770 Mann.

Nachdem sich Özal 1989 zum Präsidenten der Republik hatte wählen lassen (er starb in diesem Amt 1993), bestimmte er selbstherrlich den weithin unbekannten Politiker Yıldırım Akbulut zu seinem Nachfolger als Regierungschefs. Akbulut musste am 5. Februar 1990 die bittere Pille schlucken, dass – was allerdings voraussehbar war – der türkische Antrag von 1987 auf eine Mitgliedschaft in der Europäischen Gemeinschaft abgelehnt wurde. Sein Nachfolger Mesut Yılmaz bemühte sich angesichts einer zunehmend besseren Wirtschaftslage Kurs auf Europa zu halten, aber erst 1996 wurde die Endphase der Zollunion mit der Europäischen Union erreicht. Die Türkei verpflichtete sich dabei, den ungehinderten Handel mit Industriegütern zwischen beiden Seiten zu ermöglichen. «Durch diesen Schritt erreichte die türkische Wirtschaft das höchstmögliche Niveau der Integration mit dem Gemeinsamen Markt unterhalb der Schwelle der Mitgliedschaft.» (Heinz Kramer)

Während sich die öffentliche Sicherheit in den Städten des Westens nach dem 12. September 1980 deutlich verbesserte, spitzte sich die Situation im kurdischen Osten zu. Dort begann die 1978 von Abdullah Öcalan (geb. 1949) gegründete «Kurdische Arbeiterpartei» (*Partiya Karkerên Kurdistan,* PKK), die ursprünglich nur eine unter Dutzenden linken Gruppen war, ab 1984 bewaffnete Anschläge nahe der irakischen Grenze zu verüben. Hohe Militärs verharmlosten zunächst die kurdischen Guerilla-Aktivitäten als «Straßenräuberei» und «Stammesfehden». Aber schon 1986 gingen sie zur Bombardierung von PKK-Stützpunkten im Irak über. Ankara gelang es nicht, die Nachbarländer Syrien und Iran in die Bekämpfung der PKK einzubinden, obwohl diese in beiden Staaten Lager unterhielt und Jahreskonferenzen veranstaltete. Am 19. Juli 1987 wurde im Osten der Ausnahmezustand ausgerufen.

1991 zog mit der «Partei der Arbeit des Volkes» (*Halkın Emek Partisi,* HEP) zum ersten Mal eine kurdische Partei ins Parlament ein. Kurze Zeit später wurde sie jedoch vom Verfassungsgericht verboten, nicht zuletzt weil Abgeordnete darauf bestanden, ihren Eid in kurdischer Sprache abzulegen – eine

Reaktion auf ein 1983 in Kraft getretenes Sprachverbotsgesetz, das bis dahin formell Gültigkeit hatte. Nachfolgend traten weitere kurdische Parteien wie die DEP, ÖZDEP oder HADEP auf, deren Schicksal sich indes unwesentlich von dem der HEP unterschied.

Bei den Nachfolgern der liberal-konservativen Volksparteien war die Lage zunächst unübersichtlich. Während Süleyman Demirel mit Politikverbot belegt war, wirkte als Vorsitzender der «Partei des rechten Weges» (*Doğru Yol Partisi,* DYP) Hüsamettin Cindoruk, ein altgedienter DP- und AP-Politiker, der allgemein als Strohmann Süleyman Demirels betrachtet wurde. 1991 konnte der reaktivierte Demirel eine Koalitionsregierung mit der SHP unter İsmet İnönüs Sohn Erdal, einem ehemaligen Physikprofessor, bilden. Nach Özals Tod bewarb er sich erfolgreich um die Nachfolge im höchsten Staatsamt. Für alle Beteiligten überraschend wurde die Wirtschaftsprofessorin Tansu Çiller (geb.1946) zur DYP-Vorsitzenden und Ministerpräsidentin des fortbestehenden Bündnisses gewählt. Çiller führte nach der Koalition mit der SHP, die sich ab Februar 1995 wieder den Namen der alten CHP zulegte, noch zwei weitere Regierungen in dieser Konstellation. Als Stellvertretende Ministerpräsidentin trat sie danach in Necmettin Erbakans sogenannte *Refahyol*-Regierung ein. Sie sah wie Turgut Özal den vorherrschenden Protektionismus als größten Hemmschuh für das Wachstum.

Necmettin Erbakan gelang es am 28. Juni 1996, die 54. Regierung der Republik zu bilden. Seine Wohlfahrtspartei war 1994 aus den Kommunalwahlen mit 19,1 % als zweitstärkste Partei hervorgegangen und hatte die Bürgermeisterämter in Istanbul und Ankara sowie 27 weiteren Provinzhauptorten erobert. 1995 war sie mit nur 21,4 % sogar die stärkste der im Parlament vertretenen Parteien. Seine Koalition mit der deutlich jüngeren, ihre US-Jahre nicht verleugnenden Tansu Çiller war nicht weniger bizarr als sein einstiges Bündnis mit dem linken Intellektuellen Ecevit im Zypernjahr 1974 (siehe S. 96 f.), zumal er im Wahlkampf als ausdrücklicher Verächter der Parteiendemokratie aufgetreten war: «In diesem Land gibt es nicht zwölf, sondern zwei Parteien: die der Wahrheit und die des Unglaubens. Alle anderen gelten als Knechte der Ungläubigen.» Als Ministerpräsident konnte er das Militär nicht darin hindern, Vereinbarungen mit Israel zu treffen, wie etwa über die Wartung von F-4 Phantom-Jägern. Auch vermied er es, den Forderungen kurdischer Abgeordneter seiner eigenen Partei nach kulturellen Minderheitenrechten nachzugeben. Wohl nicht unter Erbakans Ägide, aber sicher mit seiner Zustimmung, wurde die Armee zum Jahreswechsel 1996/97 durch eine sogenannte «Jerusalem-Nacht» in der Ankaraner Vorstadt Sincan herausgefordert. Dort hatte der Botschafter Irans auf Einladung des Bürgermeisters an einer Veranstaltung teilgenommen, die zur Wiedereroberung Jerusalems aufrief. Als der RP-Justizminister den inzwischen inhaftierten Bürgermeister im Gefängnis besuchte, verlor er sein Abgeordnetenmandat und erhielt für fünf Jahre Politikverbot.

Am 28. Februar 1997 kündigte der Nationale Sicherheitsrat «Maßnahmen zur Bekämpfung der Reaktion» an. Diese im Nachhinein als «postmoderner Putsch» (*postmodern darbe*) geläufige Aktion zielte auf eines der wichtigsten Projekte des Ministerpräsidenten. Erbakan plante die «Lyzeen für Vorbeter und Prediger» (*İmam Hatip Lisesi,* İHL) mit den Regelschulen gleichzustellen und ihren Absolventen den Zugang zum höheren Staatsdienst einschließlich der Militärakademie zu öffnen. Durch die nun verordnete Schließung der Mittelstufe der İHL sank ihre Attraktivität deutlich, weil jetzt die Absolvierung der achtjährigen Elementarschule Zugangsvoraussetzung wurde. Bis zum Schuljahr 2004/05 gingen die İHL-Schülerzahlen von 511 502 im Schuljahr 1996/97 auf 98 700 drastisch zurück. Erbakan hatte das aus 18 Punkten bestehende Programm des Militärs zwar als Teilnehmer der Sitzung unterschrieben, machte aber aus seiner Gegnerschaft kein Hehl. Daraufhin wurde die RP vom Verfassungsgerichtshof nach Artikel 69 verboten: «Die Schließung politischer Parteien erfolgt durch Entscheidung des Verfassungsgerichts aufgrund einer Klage, die von der Generalstaatsanwaltschaft der Republik zu erheben ist.» Unverblümt war eine Äußerung des Generalstaatsanwalts Vural Savaşçı vom Oktober 1998 zur «Tugendpartei» (*Fazilet Partisi,* FP) als RP-Nachfolgerin: Er würde diese «auch dann verbieten, wenn sie

99,9 % der Stimmen erhalte». Im Juni 2001 musste auch sie ihre Tätigkeit einstellen. Durch diese höchstrichterliche Beschneidung des islamistischen Randes des Parteienspektrums konnte im Frühjahr 1999 ein Kabinett Ecevit mit Unterstützung von MHP und ANAP antreten. Schon aus der Wahl der Koalitionspartner konnte man ablesen, dass sich der gealterte Ecevit zu dem hartleibigen Nationalisten entwickelt hatte, der er manchen Beobachtern zufolge unter der Schale des europäisch eingestellten Humanisten immer schon gewesen war.

Während die Polarisierung der Gegner und Anhänger eines politischen Islams gegen Ende des Jahrtausends zunahm, schien sich an der kurdischen Front eine Beruhigung abzuzeichnen. Nach der Festnahme des PKK-Chefs Öcalan in Nairobi (15. Februar 1999) gab die Organisation im Jahr 2000 ihre Selbstauflösung bekannt. Die politischen Streitigkeiten wurden im August 1999 durch ein folgenreiches Erdbeben im Marmara-Raum, das 17 000 Menschenleben kostete, jäh unterbrochen. In der Folge erlebte die Türkei viel internationale Solidarität, insbesondere von Griechenland, es zeigte sich aber auch deutlich, wie wenig die Aufsichtsbehörden geltende Bauvorschriften kontrolliert hatten. Die kurdische «Partei der Volksdemokratie»(*Halkın Demokrasi Partisi*, HADEP) war bei Regionalwahlen in sieben Provinzen erfolgreich und eroberte 37 Bürgermeistersitze. Ab 2003 nahm die PKK ihren Kampf jedoch wieder auf, offensichtlich war das kurdische Problem nicht gelöst. Die Auseinandersetzungen zwischen Armee und PKK hatten 40 000 Tote gekostet, 3000 Dörfer waren zerstört worden und Hunderttausende gezwungen, ihre Heimat zu verlassen. Unter diesen Umständen wurde ein Diskurs vorherrschend, der nicht nur die PKK, sondern «die Kurden» (wie ein homogenes Subjekt) als «den Feind» definierte. «Dieser schlichte nationalistische Diskurs, der die Kurden als Barbaren definiert, indem er sie nicht nur in politischer, sondern auch sozialer und ethischer Hinsicht kriminalisiert, signalisiert die gefährliche Ersetzung des assimilatorischen Optimismus durch eine gewaltsame Nichtassimilation» (Tanıl Bora). Gleichzeitig scheint sich der kurdische Nationalismus immer mehr als eine Art «Strukturplagiat» des

Kemalismus zu erweisen, mit Elementen wie dem Personenkult um Öcalan, ahistorischen Behauptungen von einer seit jeher bestehenden Präsenz in Raum und Geschichte und der alleinigen Schuldzuweisung an den Christenmassakern des Ersten Weltkriegs an die «Gesellschaft für Einheit und Fortschritt».

Die Beziehungen zur EU waren, nachdem Brüssel ehemals kommunistischen Ländern Mittel- und Osteuropas Beitrittsperspektiven eröffnet hatte und, was für die Türkei besonders schmerzlich war, auch mit Zypern Verhandlungen aufgenommen hatte, angespannt. Überraschenderweise begrüßte der Europäische Rat beim Helsinki-Gipfel (10./11. November 1999) über die Erweiterung der EU «die jüngsten positiven Entwicklungen in der Türkei wie auch ihre Absichten, die Reformen in Übereinstimmung mit den Kopenhagen-Kriterien fortzusetzen». Mit Helsinki war das Land ein Kandidaten-Staat, der denselben Kriterien zum Beitritt unterworfen wurde wie die übrigen Bewerber, was mit tiefgehenden rechtlichen und wirtschaftlichen Umbauaufgaben verbunden war.

Mit der Wahl des parteilosen Ahmed Necdet Sezer (geb. 1941) am 16. Mai 2000 wurde ein ehemaliger Vorsitzender des Verfassungsgerichts Präsident der Republik. Sezer blockierte nach der Regierungsübernahme durch die AKP (siehe S. 112) mit seinem Veto mehrere Gesetze, in denen er Verstöße gegen die laizistische Grundordnung sah. Als strikter Anhänger der kemalistischen Kleiderordnung verweigerte er den Gattinnen von AKP-Politikern den Zugang zu Staatsempfängen. 2001 war eines der schwersten Jahre für die türkische Wirtschaft seit Gründung der Republik. Das Haushaltsdefizit erreichte mit 14% des Bruttoinlandsprodukts dramatische Dimensionen. Die Außenverschuldung betrug 110 Milliarden US-Dollar, die Inflationsrate lag bei 70%. Anders als bei den seit den späten 1950er Jahren ablaufenden populistischen Zyklen der Wirtschaft kam es jetzt zu einem Zusammenbruch des Finanzsektors. Die notwendige Freigabe des Wechselkurses war gleichbedeutend mit einer Abwertung der Lira um 40%.

Vor diesem Hintergrund legte die Dreierkoalition Ecevit (DSP), Bahçeli (MHP) und Yılmaz (ANAP) im März ein «Nationales

Programm für die Annahme der Errungenschaften der Europäischen Union» vor, in dem zahlreiche Reformen in den Bereichen Politik, Verwaltung und Recht angekündigt wurden. Das Programm war in kurz- und mittelfristige Maßnahmen unterteilt und versprach die Änderung von Verfassungsartikeln und zahlreichen Gesetzen. Europäische Standards bei den Menschenrechten wurden als Richtschnur genannt. Man strebte ein neues Parteiengesetz an und mit der Verabschiedung eines neuen Strafgesetzbuches auch die Abschaffung der (seit 1984 nicht mehr vollstreckten) Todesstrafe. Insbesondere wurde eine Überprüfung des Strafrechtsartikels 312 (Absatz 2: «Wer die Bevölkerung unter Hinweis auf Unterschiede der Klasse, Rasse, Religion, Konfession oder Region öffentlich zu Hass und Feindschaft aufstachelt ...») angekündigt, «ohne die von ihm geschützten Werte zu beschädigen». Auch für die Artikel 7 und 8 des Antiterrorgesetzes fand man eine ähnlich vorsichtige Wortwahl. Besonders deutlich wurde die Selbstbeschränkung der ideologisch weit auseinanderliegenden Parteien bei den Sätzen zur Sprachenpolitik. Türkisch sei die offizielle und im Erziehungswesen (allein) gültige Sprache der Türkei. Dies aber solle die Bürger nicht daran hindern, im Alltagsleben unterschiedliche Sprachen, Dialekte und Mundarten frei zu gebrauchen, eine Freiheit, die freilich nicht für separatistische und die Einheit untergrabende Ziele genutzt werden dürfe. Bei der Behandlung des «Nationalen Sicherheitsrats» (MGK) wurde «mittelfristig» angekündigt, man werde seine (nur) «beratende» Aufgabe durch Überarbeitung der entsprechenden Verfassungsartikel und Gesetze deutlicher machen.

Mit Ausnahme eines kurzen Passus über die Bekämpfung der regionalen Ungleichheiten behandelte das «Nationale Programm» keine wirtschaftlichen Themen. Trotzdem waren diese Maßnahmen von eminenter Bedeutung als Türöffner zur EU. Noch 2001 gewährte Brüssel weitere Finanzhilfen und sonstige Erleichterungen. Eine erste Verfassungsänderung vom 3. Oktober 2001 berührte 37 Artikel des autoritären Grundgesetzes von 1982. Sie schloss die Abschaffung der Todesstrafe für nicht-politische Straftaten ein, nicht aber für «terroristische Verbrechen».

Neben Lockerungen, die die Einschränkung der Meinungsfreiheit betrafen, war der wichtigste Punkt die Herstellung einer zivilen Mehrheit im Nationalen Sicherheitsrat, aus dessen *de facto* bindenden Beschlüssen nun echte Empfehlungen wurden. Tiefgreifender waren dann die Gesetzesänderungen vom 30. Juli 2003. Der Rat der Europäischen Kommission hatte schon im Dezember 2001 anerkannt, dass die Türkei «beträchtliche Fortschritte bei der Erfüllung der politischen Kriterien für die Mitgliedschaft erzielt» habe. Man war in die schwierige «Vor-Beitrittsstrategie» eingetreten, die der Türkei fortlaufend neue «Hausaufgaben» auf so gut wie allen Gebieten stellte. Die seit 1998 verfassten, ab 2000 sehr detaillierten «Fortschrittsberichte» aus Brüssel spiegeln diesen Prozess, der bis in die Gegenwart vor allem durch den Widerstand der Regierungen in Berlin und Paris und das ungelöste Zypern-Problem aufgehalten wird.

Die politische Landschaft veränderte sich an der Wende zum 21. Jahrhundert unerwartet rasch: Nach dem Verbot der «Tugendpartei» kam es nach 30 Jahren «Nationaler Sicht»-Bewegung (*Millî Görüş*), die mit Erbakans 1970 ins Leben gerufener *Milli Nizam Partisi* begonnen hatte, erstmals nicht zur Gründung *einer*, sondern *zweier* Nachfolgeparteien. Die Anhänger eines radikal-islamischen Kurses versammelten sich um Recai Kutan (Necmettin Erbakan war erneut mit einem Politikverbot belegt worden) in der «Glückseligkeitspartei» (*Saadet Partisi*, SP), während eine Gruppe von 74 realpolitisch eingestellten Traditionalisten am 14. August 2001 die «Partei für Gerechtigkeit und Entwicklung» (*Adalet ve Kalkınma Partisi*, AKP) gründete. 51 Abgeordnete folgten dem Ruf der AKP, während 48 in die SP eintraten. Damit war ein Machtkampf entschieden, dessen Höhepunkt beim Kongress der SP die Gegenkandidatur des aus Kayseri stammenden Ökonomen Abdullah Gül (geb. 1950) gegen Recai Kutan gebildet hatte, bei der Gül mit 522 zu 633 Stimmen unterlag. Vorsitzender der AKP wurde Recep Tayyip Erdoğan (geb. 1954). Erdoğan war in einfachen Verhältnissen in Istanbul aufgewachsen. Als Sohn eines Schwarzmeer-Türken repräsentierte er die große Mehrheit von Binnenmigranten der ersten und zweiten Generation in der Megacity. Er hatte ein *İmam Hatip Lisesi* (siehe S. 43) besucht und war nach seinem Abschluss auf eine allgemeine Sekundarschule gewechselt, um zum Wirtschaftsstudium zugelassen zu werden. Als Student hatte er es bereits zum Vorsitzenden der Istanbuler Jugendorganisation von Erbakans MSP gebracht. 1994 wurde er bei einem Stimmenanteil von etwa 25 % gegen vier weitere Kandidaten Bürgermeister von Groß-Istanbul. Im Kontrast zum Gründervater der MSP galt er inzwischen als «Neuerer» (*yenilikçi*). Diese Zuschreibung bezog sich mehr auf die realistischere Weltsicht einer jüngeren Politikergeneration als auf ideologische Differenzen («Mein Bezugssystem ist der Islam», «Demokratie ist kein Ziel, sondern ein Weg», «Das System, das ich einführen möchte, kann nicht im Gegensatz zu Gottes Befehlen stehen»). Erdoğan gelang es im Gegensatz zu Erbakan, die Anhänger der «Gemeinde» (*cemaat*) Fethullah Gülens ins Boot zu holen. Der ehemalige Religionsbeamte Gülen (geb. 1938) gilt, obwohl er seit 1999 im selbstverhängten US-amerikanischen Exil lebt, als Stimme eines staatsnahen, toleranten Islams. Dabei verbindet ihn mit Erbakans Erziehungsideal das Ziel, weltliche und religiöse Unterrichtsinhalte zu harmonisieren. Das von ihm geschaffene bzw. inspirierte Bildungs- und Medienimperium besteht aus über tausend Privatschulen innerhalb und außerhalb der Türkei, mehreren Universitäten und einflussreichen Medien wie der wichtigen Tageszeitung *Zaman*. Hinzu kommen Kindergärten und Wohngemeinschaften für Studierende. Die als «Erdrutsch» bezeichneten Gewinne der AKP bei den allgemeinen Wahlen im Herbst 2002 reichten mit nur 34,3 % aus, um eine Alleinregierung zu bilden. Die SP sah sich mit 2,5 % marginalisiert. Bei allen ideologischen und taktischen Unterschieden erwies sich die AKP bei der Betrachtung der Wählerschaft als Nachfolgerin der MSP. Diese hatte sich seit den Wahlen von 1977 eine breitere Basis geschaffen, welche über das bäuerliche und kleinbürgerliche Milieu hinaus in die unterprivilegierte Bewohnerschaft der *Gecekondus* reichte, aber auch Akademiker, Intellektuelle und den wachsenden Mittelstand mit islamischer Lebensführung erfasste. Die Haltung der AKP zu Europa blieb zwiespältig. Während ihre Gründerväter die EU noch als «Christlichen Klub» denunziert hatten, wurden ihre Nachfolger unter Erdoğan nun umgekehrt von den republikanischen Kemalisten sogar als Kollaborateure der EU denunziert. «Der traditionelle anti-imperialistische Diskurs des kemalistischen Nationalismus wurde hingegen durch ethnokulturelle Klischees ersetzt und nahm entsprechend eine anti-westliche Tonart an.» (Tanıl Bora). Der Wahlsieger Erdoğan konnte erst nach vier Monaten das Ministerpräsidentenamt von Abdullah Gül übernehmen, weil er wegen eines provokanten Zitats in einem früheren Wahlkampf eine Gefängnisstrafe absitzen musste.

Nach der Regierungsübernahme im Jahr 2002 war die AKP in der komfortablen Lage, die Ernte des von den Vorgängern eingeleiteten Reformprogramms einzufahren. Die Sanierung des Bankensektors trug offensichtlich zu unerwartet günstigen Ergebnissen ab 2004 bei. Ein Vergleich der sozioökonomischen Messwerte der Jahre 2000 und 2005 zeigt – mit wichtigen Ausnahmen – eindrucksvolle Wachstumsergebnisse, die *über* den Prognosen des 8. Entwicklungsplans lagen: Bemerkenswert war der hohe Anteil der verarbeitenden Industrie an den Ausfuhren (92 % im Jahr 2005), wobei 52 % der Fertigwaren in die Länder der Europäischen Union geliefert wurden. Die Einfuhren aus der EU betrugen 55,9 %. Das Land hatte sich entgegen den Befürchtungen der Etatisten von einer verlängerten Werkbank westlicher Unternehmen zu einer Werkstatt entwickelt, die hochwertige Industrieprodukte ausführte. Der Anteil von Staatsbetrieben an der türkischen Volkswirtschaft nimmt seit den Reformmaßnahmen von Özal und seinen Nachfolgern laufend ab. Vorgesehen ist unter anderem der vollständige Rückzug des Staates aus den Bereichen Luft- und Seeverkehr, Petrochemie sowie der Verarbeitung von Zucker-, Tabak- und Teeprodukten.

Trotz vieler günstiger volkswirtschaftlicher Zahlen gelang es nicht, die Schere zwischen Einfuhren und Ausfuhren zu verringern. Zudem stieg die Arbeitslosigkeit zwischen 2000 und 2005 von 6,5 % auf 10,3 %, ohne Einbeziehung der Landwirtschaft

Wirtschaftsentwicklung	**2000**	**2005**
Bruttoinlandsprodukt (in Milliarden $)	200,0	363,4
Nationaleinkommen pro Kopf (in $)	2879	5042
Wachstum des Bruttoinlandsprodukts %	7,4	7,4
Investitionen (in Milliarden $)	16,9	24,0
Öffentlicher Sektor %	19,6	25,9
Privater Sektor %	16,0	23,6
Ausfuhren (in Milliarden $)	27,8	73,4
Einfuhren (in Milliarden $)	54,5	116,5
Tourismuseinnahmen (in Milliarden $)	7,6	18,2

sogar von 9,4% auf 13,6%. Der informelle Arbeitsmarkt umfasst nach jüngsten Schätzungen 11 Millionen Menschen. Er wächst durch das bisher ungewöhnlich niedrige Renteneintrittsalter (44 Jahre für Frauen, 48 für Männer), das bei entsprechend niedrigen Renten die Betroffenen im gesetzlichen Rentenalter zur Aufnahme einer Tätigkeit zwingt. Der Mindestlohn, den eine aus Regierungsvertretern, Arbeitgebern und Arbeitern zusammengesetzte Kommission festsetzte, lag deutlich unter der Hunger- und sehr weit unter der Armutsgrenze. Im Jahr 2005 befanden sich zwei von fünf sozialversicherten Arbeitnehmern auf dem Niveau des Mindestlohnes. Eine Verbraucherschutzorganisation nannte 2011 die Zahl von fast 13 Millionen Menschen, die unter der Armutsgrenze lebten. Eine 1992 eingeführte medizinische Grundversorgung für diese Bürger wird über ein System «Grüner Karten» geregelt.

Erdoğan bemühte sich nach 2005 zunächst intensiver als Özal, der schon manches Tabu gebrochen hatte, den kurdischen Südosten für sich zu gewinnen. Deutliche Elemente der «Kurdischen Öffnung» waren die ab 2010 gültige Zulassung von zweisprachigen Ortsschildern, eine wachsende Tolerierung kurdischer Personennamen beziehungsweise ihrer Schreibung mit Zeichen, die im Standard-Türkischen fehlen (q, w, x), die Einrichtung von Sprachkursen auf Universitätsniveau (nicht nur für Kurdisch im engeren Sinn, sondern auch für Zaza und die Minderheitensprachen Arabisch und Aramäisch) sowie die Thematisierung von Unterentwicklung und Unterdrückung in Literatur und Film. Seitdem entstand zudem ein lebhafter, von der Regierung nicht mehr kontrollierbarer kurdischer Medienbetrieb. Die friedlich verlaufenden Wahlkampagnen im Frühsommer 2011 schienen wie eine Bestätigung der von Gemäßigten beider Seiten angestrebten Ersetzung des «Kampfes in den Bergen durch Politik in den Hochebenen». Schwerer als der AKP fiel es den Postkemalisten der CHP, auf die Kurden zuzugehen, auch wenn an deren Spitze seit 2010 der aus Dersim/Tunceli stammende Kemal Kılıçdaroğlu steht.

Bei den vorgezogenen Parlamentswahlen vom 27. Juli 2007 konnte die AKP ihr Ergebnis von 2002 noch übertreffen. Sie stellte jetzt 341 von 550 Abgeordneten, die CHP kam auf 112, die MHP auf 71 Sitze. Von 26 unabhängigen Abgeordneten galten 22 als prokurdisch, 20 von ihnen schlossen sich der «Partei der demokratischen Gesellschaft» (*Demokratik Toplum Partisi*, DTP) an und erhielten damit den Status einer Fraktion. Im Südosten hatte die AKP jedoch mehr Wähler angezogen als die DTP. Erdoğans Parteifreund Abdullah Gül wurde am 28. August 2007 im dritten Wahlgang und gegen den Widerstand der Militärführung als Nachfolger Sezers zum 11. Präsidenten der Republik gewählt.

Symbolbewusst exakt 30 Jahre nach der Militärintervention vom 12. September 1980 unterwarf die Regierung im Jahr 2010 die von ihr vorgeschlagenen 30 Änderungen der Verfassung von 1982 einer Volksbefragung. Die CHP-Opposition warf Erdoğan einen «zivilen Putsch» vor, um eine autokratische Verfassung mit dem Endziel eines Präsidialsystems einzuführen. Vorerst aber ging es der AKP vor allem um eine neue Form der Bestellung der obersten Richter, um der Regierung ein Mitspracherecht an der Stelle zu verschaffen, die ihr so viel Unbehagen bereitet hatte. Unabhängig davon waren die meisten der vorgeschlagenen Reformen echte Schritte zur Liberalisierung des Landes. Das Ergebnis (58% Zustimmung, 42% Ablehnung) machte noch vor den allgemeinen Wahlen im folgenden Jahr deutlich, dass die AKP in Provinzen wie Konya (78%) und Kayseri (73%) die meisten Anhänger hatte, während im Westen ein hoher Prozentsatz das Referendum mit Nein beantwortete (z. B. İzmir 63 %, Edirne 73 %). Aufgrund des sunnitischen Profils der AKP war auch voraussagbar, dass Provinzen und Bezirke mit starkem Anteil an Aleviten nicht zustimmen würden (in Hacibektaş, Tunceli und dem östlichen Teil der Provinz Sivas). Die Wahlbehörde hatte 2 566 335 Stimmberechtigte im Ausland registriert, von denen 196 299 ihr Wahlrecht an einer von 25 an den Landgrenzen und Flughäfen eingerichteten Stationen wahrnahmen.

Die Parlamentswahlen vom 12. Juni 2011 bestätigten die Regierung Erdoğan (AKP 49,85 %, CHP 25,88 %, MHP 12,97 %, «Unabhängige» 6,65 %). Ein – abgesehen von über die Medien ausgetragenen Schmutzkampagnen – störungsfreier Wahlkampf, eine hohe Beteiligung und ein unbestritten korrektes Verfahren bei der Auszählung von fast 200 000 Wahlurnen zeigte zunächst, dass das «Experiment mit der Demokratie» funktionierte. Die Zulassung von «Unabhängigen» (d. h. in der Mehrheit kurdischen Kandidaten) erlaubte 36 Politikern aus dem Südosten und Osten des Landes den Einzug ins Parlament. Handel und Gewerbe der chronisch vernachlässigten Ostprovinzen profitierten zunehmend durch die Normalisierung der Beziehungen zu Syrien und dem Irak, deren Bürger nun weitgehend ohne Formalitäten die Grenze überschreiten konnten. Das Gespann Gül-Erdoğan, beraten von einem in der arabischen Welt gut eingeführten Außenminister (Davutoğlu), intensivierte die Beziehungen zu den islamischen Staaten der Region, die in der Vergangenheit allzu einseitig von Sicherheitsinteressen beherrscht waren, ohne die Kontakte mit Israel zu vernachlässigen. Als der israelische Präsident Shimon Peres 2007 vor der TBMM sprach, war noch nicht abzusehen, dass der Einmarsch Israels im Gaza-Streifen zu einer dramatischen Wende führen würde, die nach der türkischen Unterstützung der sogenannten «Gaza Freiheitsflotte» im Mai 2010 einen Tiefpunkt erreichen sollte.

Ausblick

Die positive Entwicklung der türkischen Wirtschaft im ersten Jahrzehnt des 21. Jahrhunderts hat das Gewicht der Türkei mit ihrer 75 Millionen Einwohner zählenden, insgesamt sehr jungen Bevölkerung in der Region und international deutlich erhöht. Die Zahl türkischer Millionäre liegt bei 10 000, und auch der «kleine Mann» hat an der Prosperität einen gewissen Anteil. Das Durchschnittseinkommen liegt mit 7800 Euro über dem der EU-Mitgliedstaaten Bulgarien und Rumänien. Nachdem die Türkei schon 1975 zu einem Land mit überwiegend städtischer Bevölkerung geworden war, lebt inzwischen fast jeder dritte Einwohner in einer der fünf Millionenstädte. Allein das demographische und wirtschaftliche Gewicht der Agglomeration Istanbul mit mehr als 13 Millionen Einwohnern übertrifft das mehrerer Staaten der Europäischen Union. Gleichzeitig hat sich das Gefälle vom entwickelten Westen nach Osten sichtbar abgeflacht.

Das schnelle Wachstum der türkischen Wirtschaft, das vor allem auf einer lebhaften Binnennachfrage beruht, hat Ende 2011 seinen Höhepunkt überschritten. Das Land leidet weiterhin unter einem beachtlichen Leistungsbilanzdefizit, zu dem hohe Energieimporte beitragen. Der Arbeitsmarkt ist unflexibel, die informelle Ökonomie ausgedehnt, und die Inflation steigt mit über 11 % (April 2012) wieder an.

Die Verfassungsreformen, die schon vor der «Erdrutschwahl» von 2002 eingeleitet und von der AKP-Regierung zügig vorangetrieben wurden, haben dem Land einen zivileren Habitus verliehen, auch wenn sie von der politischen Opposition als «nachrangig» abgewertet werden. Zuletzt wurde sogar gegen General Evren, den betagten Putschisten vom 12. September 1980, Anklage erhoben. In Umkehrung der Praktiken der Kemalisten, die in kleinen, oft unauffälligen Schritten religiöse

Elemente im Schulwesen oder der traditionellen Kleiderordnung beseitigt haben, geht die AKP daran, noch bestehende Einschränkungen bei der Religionserziehung aus dem Weg zu räumen. Das Ministerium für Nationale Erziehung und das Präsidium für Religionsangelegenheiten fördern nachdrücklich die Sunnitisierung der Gesellschaft. Jenseits der Metropolen des Westens erleben viele Menschen, die nicht am Freitagsgebet und am Ramadan-Fasten teilnehmen, gesellschaftliche und wirtschaftliche Ausgrenzung. Solange Erdoğans Partei die Mehrheit behält, wird sie fortfahren, ihre Anhänger mit Posten in wichtigen staatlichen und kommunalen Institutionen zu belohnen. Trotz der zunehmenden Partizipation von Frauen in den Parteigliederungen hat der Anteil weiblicher Regierungsmitglieder und Spitzenbeamten seit Anfang der 1990er Jahre abgenommen. Eine baldige Ablösung der AKP durch eine «gewendete», europafreundlichere, in religiösen Fragen tolerantere und gegenüber den kurdischen Wünschen offenere CHP ist nicht in Sicht. Die politischen Parteien sind ausnahmslos auf ihre Führer ausgerichtet, innerparteiliche Demokratie bleibt klein geschrieben.

Die Außenpolitik des Landes wird heute nicht mehr wie in Zeiten des Kalten Krieges und des krisenhaften Verhältnisses zu Griechenland allein von Sicherheitsinteressen beherrscht. Die Beziehungen Ankaras zu Iran, den Schwarzmeer-Anrainern und den zentralasiatischen Republiken sind weitgehend konfliktfrei, das Verhältnis zur «Föderalen Region Kurdistan-Irak» (Erbil) ist pragmatisch. In der Syrien-Krise hat die Türkei den Aufständischen Fluchträume gewährt, während das Regime von Damaskus wie in der Vergangenheit auf seine kurdische Minderheit setzt. Im diplomatischen und militärischen Verkehr mit Israel gab es Rückschläge, die jedoch nicht die wirtschaftlichen Beziehungen beeinträchtigen. Armenien legte 2010 die im Vorjahr auf US-amerikanische Vermittlung hin eingeleitete Normalisierung zwischen Ankara und Jerewan auf Eis. Haupthindernisse sind die fehlende türkische Bereitschaft, die Vertreibungen und Massaker von 1915/16 als «Völkermord» anzuerkennen, sowie der ungelöste Konflikt zwischen Armenien und Aserbaidschan.

Ein leicht rückläufiger Anteil des Handels mit der Europäischen

Union (Anfang 2010 rund 48 %) darf nicht den Blick dafür verstellen, dass die Türkei de facto zu Europa gehört. Die gegenwärtige Türkei wäre ohne jahrzehntelange Anstrengungen von beiden Seiten, europäische Normen (im technischen und juristischen Sinn gleichermaßen) einzuführen, undenkbar. Der sogenannte *Pre-accession*-Prozess ist keineswegs zum Stehen gekommen, wie zahlreiche von der Europäischen Union initiierte bzw. subventionierte Projekte beweisen. Eine selbstbewusstere Türkei kann auch hinnehmen, dass seit 2006 die Beitrittsverhandlungen in acht «Kapiteln» mit der Europäischen Union eingefrorenen sind, weil die Türkei keinen freien Handel mit dem griechischen Teil Zyperns zulässt.

Die Romantisierung der osmanischen Vergangenheit durch große Teile konservativer Akademiker und Publizisten in Verbindung mit einer manchmal herablassenden Großer-Bruder-Attitüde gegenüber kleineren Staaten auf dem Balkan, in Zentralasien und in der arabischen Welt hat ihre ideologischen Wurzeln in den 1970er Jahren, als Necmettin Erbakan eine Führungsrolle für die Türkei einforderte. Diese Forderung erhielt nach dem 12. September 1980 neue Impulse, wurde in den 1990er Jahren von Turgut Özal wieder aufgenommen und ist heute ein zentrales Element des offiziellen türkischen Selbstverständnisses.

Während der «Hochkemalismus» in der «Zurückweisung des (osmanischen) Erbes» gipfelte, ist es den modernen Konservativen um eine selektive Annahme des türkisch-islamischen Vermächtnisses zu tun, indem sie die Versäumnisse und Verbrechen kleinreden oder «dem Ausland» bzw. bestimmten Minderheiten zurechnen. Die Vorstellung von einer «sauberen» Geschichte hindert die Regierung daran, sich mit dem Schicksal der osmanischen Armenier zu befassen. Die gebeutelten christlichen Minderheiten erleben in der Gegenwart nach der Aufhebung einschneidender Verordnungen aus den 1930er Jahren, die ihre Verfügung über Immobilien im Widerspruch zu «Lausanne» so gut wie aufgehoben hatten, eine gewisse Erleichterung. Dennoch bleibt es Minderheiten nach dem Zivilgesetzbuch untersagt, Stiftungen zugunsten einer Nationalität oder Religionsgemeinschaft einzurichten.

Für manche Türkei-Beobachter wurde unter Erdoğan bereits die Schwelle zum «demokratischen Autoritarismus» überschritten. In keinem anderen Land stehen so viele Menschen (12 000) unter Terrorverdacht wie in der Türkei. Die Justiz führt zahlreiche Verfahren gegen Journalisten. Der Prozess gegen Ahmet Şık, der die Unterwanderung der Sicherheitskräfte, insbesondere der Polizei-Akademien, durch die «Gemeinschaft» (*Cemaat*) des Fethullah Gülen seit Ende der 1990er Jahre untersucht hat, erlebte besondere Aufmerksamkeit.

Die Türkei steht vor einer zunächst 2007 in Angriff genommenen, dann aber auf Eis gelegten neuen Verfassung. Seit Ende 2011 tagt unter dem Vorsitz des Justizministers ein «Vermittlungsausschuss» aus 12 Mitgliedern. Er soll ein Meinungsbild von sämtlichen Universitäten, Medien, Parteien, nichtstaatlichen Organisationen und Religionsgemeinschaften über den Text einer neuen Verfassung erarbeiten. Ob es auch die neue Verfassung zulassen wird, dass die Grundrechte eingeschränkt werden können, ist offen. Ganz unwahrscheinlich ist, dass die Wünsche der Kurden nach der Transformation der Türkei in eine multinationale Gemeinschaft in einen Verfassungsentwurf aufgenommen werden. Die AKP-Führung strebt jedenfalls ein Präsidialregime an, in der Überzeugung, dass sich das Land nur in diesem Rahmen so weiterentwickeln kann, dass es zu den zehn wirtschaftlich stärksten Nationen gehört.

Wenn die Republik Türkei im Jahr 2023 ihr einhundertjähriges Bestehen begeht, wird ein Teil der Nation das Porträt Atatürks in Händen halten, ein anderer eher an die namenlosen Kämpfer des Unabhängigkeitskriegs erinnern, und ein dritter Teil, darunter viele Kurden, wird sich voraussichtlich von den Feierlichkeiten fernhalten. Dass zu diesem Zeitpunkt die Mitgliedschaft der Türkei in der Europäischen Union vollzogen sein wird, glaubt derzeit nur ein Viertel der Bevölkerung, von der freilich etwa 60 Prozent eine solche begrüßen würden.

Zeittafel

1918	Der Waffenstillstand von Mudros beendet den Weltkrieg.
1919	Griechische Truppen besetzen İzmir. Mustafa Kemal landet in Samsun. Nationalkongresse von Erzurum und Sivas
1920	23. April: Die Große Nationalversammlung in Ankara tritt zusammen.
1920	10. August: Friedensvertrag von Sèvres
1921	Freundschaftsvertrag mit der Sowjetunion
1922	Schlacht von Dumlupınar und Waffenstillstand mit Griechenland in Mudanya. Flucht von Sultan Mehmed VI., der Thronfolger Abdülmecid wird als Kalif eingesetzt.
1923	24. Juli: Vertrag von Lausanne
1923	29. Oktober: Ausrufung der Republik. Mustafa Kemal wird ihr erster Präsident.
1924	Ausweisung des Kalifen, Verfassungsgesetz, Wiederaufnahme der Beziehungen zu Deutschland
1925	Scheich-Said-Aufstand, Gesetz zur «Wiederherstellung der Ordnung» (bis 1929), Verwandlung der Türkei in ein diktatorisches Staatswesen, «Hutgesetz»
1926	Attentatsversuch auf Mustafa Kemal in İzmir, Verbot der Bruderschaften, Übernahme des Schweizer Zivilgesetzbuchs
1927	Marathon-Rede Mustafa Kemals («Nutuk»)
1928	Latinisierung der Schrift
1931	«Sechs Pfeile»
1932	Volkshäuser
1934	Familiennamengesetz
1936	Meerengen-Abkommen von Montreux
1937–1938	Der Dersim-Aufstand wird unterdrückt.
1938	11. November: Tod Atatürks
1938–1950	İsmet İnönü ist Staatspräsident.
1940	Gründung der Dorfinstitute
1942	Einführung der Vermögenssteuer (*Varlık Vergisi*)
1944	2. August: Abbruch der Beziehungen zu Deutschland
1945	23. Februar: Kriegserklärung an Deutschland
1946	Moskau kündigt den Neutralitätsvertrag von 1925. Erste direkte Wahl
1948	Einbeziehung in den Marshall-Plan
1950	Wahlsieg von Adnan Menderes und seiner DP

1950–1953	Korea-Brigade
1952	Aufnahme in die NATO
1955	Übergriffe auf griechische Einrichtungen
1959	Bewerbung der Türkei um assoziierte Mitgliedschaft in der EWG
1960	27. Mai: Militärputsch, Absetzung von Menderes
1961	Neue Verfassung, Hinrichtung von Menderes und zwei Ministern
1965	Erste AP-Regierung von Süleyman Demirel
1971	23. März: Denkschrift des Nationalen Sicherheitsrats
1974	Besetzung Nord-Zyperns unter Ecevit
1976–1980	Blutige Polarisierung
1980	12. September: Putsch der Militärspitze unter Kenan Evren
1982	Verfassung
1983–1991	Turgut Özal ist Ministerpräsident (1983–1989) und Staatspräsident (1989–1983).
1984	Die PKK beginnt bewaffnete Aktionen.
1987	Ausnahmezustand im Osten
1996	Erbakan wird Ministerpräsident
1999	Marmara-Erdbeben
2001	Schwere Wirtschaftskrise, Nationales Programm, Verfassungsänderung, Gründung der AKP Erdoğans
2002	Erdrutschsieg der AKP, die 34,3 % gewinnt
2007	Vorgezogene Parlamentswahlen mit verstärkten AKP-Gewinnen
2010	Verfassungsreferendum
2011	Bruch mit Israel
2012	Höhepunkt und darauf folgende Abkühlung des Wirtschaftsbooms

Literaturhinweise

Die Literatur zur jüngeren türkischen Geschichte in europäischen Sprachen und auf Türkisch ist nur noch für Spezialisten überschaubar. Fast täglich erscheinen wichtige Monographien und Fachaufsätze, von Hochschulschriften an den zahlreichen Universitäten der Türkei ganz zu schweigen. Meine Auswahl berücksichtigt neben Überblickswerken zur Geschichte, Politik und Landeskunde unentbehrliche Handbücher und Sammelbände. Hervorheben möchte ich die Landeskunde von Hütteroth und Höhfeld, die «Ethnographie» von Peter Andrews, Erik Zürchers bewährtes Lehrbuch und den von Reşat Kasaba herausgegebenen 4. Band der *Cambridge History of Turkey*. Ich verdanke der von Murat Belge betreuten Sammlung über das «Politische Denken in der modernen Türkei» (*Modern Türkiye'de Siyasi Düşünce*) sehr viel und habe aus den Beiträgen von Tanıl Bora mehrfach zitiert. Kritische Kurzfassungen der Republikgeschichte stammen unter anderem von Fikret Adanir, Feroz Ahmad und (in Form einer sehr gelungenen erweiterten Chronologie) von Ertuğrul İlter. Die hier aufgenommenen Arbeiten von Ahmet Demirel (über die frühe *Meclis*), İnsel/Bayramoğlu (zur Rolle der Armee), Cemil Koçak (zu İnönü), Murat Metinsoy (über Politik und Alltag während des Zweiten Weltkriegs) und Mete Tunçay (zum Einparteien-Regime) stehen exemplarisch für die moderne türkische Forschung. Aus der deutschen Zeitschriftenliteratur möchte ich die Artikel des Geographen Ernst Struck hervorheben. Zwei Periodika gehören zur Grundausstattung für jede moderne Türkeikunde: *New Perspectives on Turkey* und das online-Organ *European Journal of Turkish Studies* (http://www.ejts.org). Für den Beobachter der türkischen Gegenwart sind die auch zeitgeschichtlich ergiebigen Kommentare von Baskın Oran Pflichtlektüre (http://www.baskinoran.com/).

Adanir, Fikret: Geschichte der Republik Türkei, Mannheim 1995.
Ahmad, Feroz: The Making of Modern Turkey, London 1993.
Andrews, Peter: Ethnic Groups in the Republic of Turkey, Wiesbaden 2002.
Belge, Murat (Hg.): Türkiye'de Siyasi Düşünce, Bd. 1–9, Istanbul 2001–2009.
Demirel, Ahmet: Birinci Meclis'te Muhalefet. İkinci Grup, Istanbul 1994.
Finkel, Andrew: Turkey. What everyone needs to know, New York 2012.
Grothusen, Klaus-Detlev (Hg.): Türkei, Göttingen 1985 (Südosteuropa-Handbuch 4).
Güven, Dilek: Nationalismus und Minderheiten. Die Ausschreitungen gegen die Christen und Juden der Türkei vom September 1955, München 2011.
Hanioğlu, M. Şükrü: Atatürk. An Intellectual Biography, Princeton 2011.

Hirsch, Ernst E.: Die Verfassung der türkischen Republik, Frankfurt 1966.

–: Verfassungsänderungen in der Türkei, Hamburg 1973.

Hütteroth, Wolf-Dieter/Volker Höhfeld: Türkei. Geographie, Geschichte, Wirtschaft, Politik, Darmstadt 2002 (1., umfangreichere Aufl. 1982).

İlter, M. Ertuğrul: 1923–2008. Cumhuriyet Tarihi El Kitabı, Ankara 2009.

İnsel, Ahmet und Ali Bayramoğlu: Bir Zümre, Bir Parti. Türkiye'de Ordu, Istanbul 2004.

Jäschke, Gotthard: Die Türkei seit dem Weltkriege, Geschichtskalender 1918–1928, Berlin 1929; Die Türkei in den Jahren 1935–1941, Leipzig 1943; 1942–1951, Wiesbaden 1955; 1952–1961, Wiesbaden 1965.

Kadıoğlu, Ayşe und E. Fuat Keyman (Hg.): Symbiotic Antagonisms. Competing Nationalisms in Turkey, Salt Lake City 2011.

Kasaba, Reşat (Hg.): Turkey in the Modern World, Cambridge 2008 (The Cambridge History of Turkey 4).

Koçak, Cemil: Türkiye'de Millî Şef Dönemi, 1938–1945, Ankara 1986.

Kramer, Heinz und Maurus Reinkowski: Die Türkei und Europa. Eine wechselhafte Beziehungsgeschichte, Stuttgart 2008.

Kreiser, Klaus: Kleines Türkei-Lexikon, München 1992.

–: Atatürk. Eine Biographie, München 2008 u. ö.

– und Christoph Neumann: Kleine Geschichte der Türkei, Stuttgart, 2. Aufl. 2008.

Mango, Andrew: Atatürk. The Biography of the Founder of Modern Turkey, London 1999.

Metinsoy, Murat: İkinci Dünya Savaşı'nda Türkiye. Savaş ve gündelik yaşam, Istanbul 2007.

Oran, Baskın (Hg.): Turkish Foreign Policy – Facts and Analyses with Documents, Utah 2010.

Pekesen, Berna: Nationalismus, Türkisierung und das Ende der jüdischen Gemeinden in Thrakien. 1918–1942, München 2011.

Rubin, Barry und Metin Heper (Hg.): Political Parties in Turkey, London 2002.

Shaw, Stanford J.: From Empire to Republic. The Turkish War of National Liberation 1918–1923. A Documentary Study, 5 Bde., Ankara 2000.

Strohmeier, Martin/Lale Yalçın-Heckmann: Die Kurden. Geschichte, Politik, Kultur, München, 3. Aufl. 2010.

Tunçay, Mete: Türkiye Cumhuriyeti'nde Tek-Parti Yönetimi'nin Kurulması (1923–1931), Istanbul 1999 u. ö.

Yeğen, Mesut: Müstakbel Türk'ten sözde vatandaşa. Cumhuriyet ve Kürtler, Istanbul 2006.

Zürcher, Erik J.: Turkey. A Modern History, London, 3. Aufl. 2004.

Personenregister

Geographisches Register